Impressum
Verlag: BABADADA GmbH, Nedderfeld 112 , 22529 Hamburg
Geschäftsführer / Verlagsleitung: Harald Hof
Druck: Books on Demand GmbH, In de Tarpen 42, 22848 Norderstedt

Imprint
Publisher: BABADADA GmbH, Nedderfeld 112 , 22529 Hamburg, Germany
Managing Director / Publishing direction: Harald Hof
Print: Books on Demand GmbH, In de Tarpen 42, 22848 Norderstedt

בית ספר
σχολείο

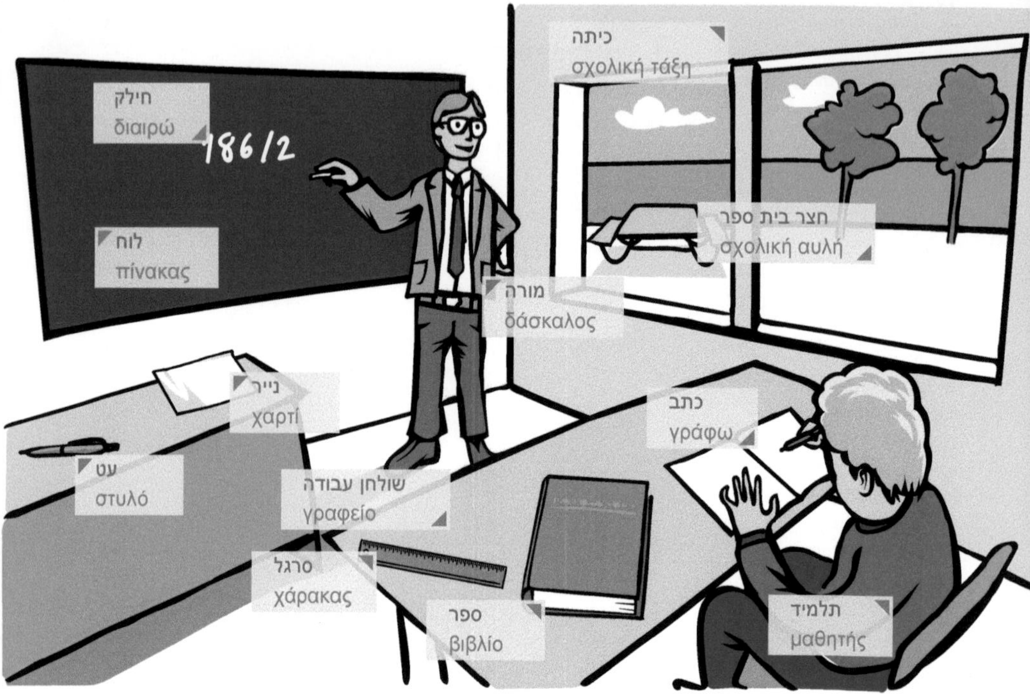

כיתה
σχολική τάξη
חילק
διαιρώ
186/2
לוח
πίνακας
חצר בית ספר
σχολική αυλή
מורה
δάσκαλος
נייר
χαρτί
כתב
γράφω
עט
στυλό
שולחן עבודה
γραφείο
סרגל
χάρακας
ספר
βιβλίο
תלמיד
μαθητής

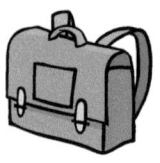

ילקוט
....
σχολική τσάντα

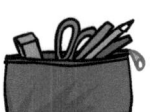

קלמר
....
κασετίνα/ μολυβοθήκη

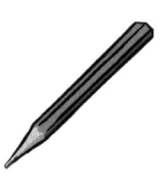

עיפרון
....
μολύβι

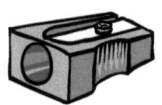

מחדד
....
ξύστρα

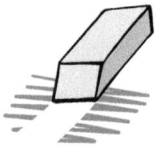

גומי מחיקה
....
γόμα

חוברת סרטוט
....
μπλοκ ζωγραφικής

סרטוט
ζωγραφική

מברשת
πινέλο

קופסת צבעים
κουτί χρωμάτων

מספריים
ψαλίδι

דבק
κόλλα

ספר תרגול
τετράδιο ασκήσεων

שיעור בית
εργασία για το σπίτι

12

מספר
αριθμός

2+2

חיבר
προσθέτω

5-2

חיסר
αφαιρώ

2×2

הכפיל
πολλαπλασιάζω

חישב
υπολογίζω

A

אות
γράμμα

ABCDEFG
HIJKLMN
OPQRSTU
VWXYZ

אלפבית
αλφάβητο

hello

מילה
λέξη

טקסט
κείμενο

קרא
διαβάζω

גיר
κιμωλία

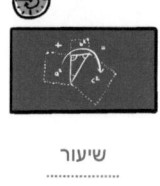

שיעור
μάθημα

יומן נוכחות
εγγράφομαι

מבחן
τεστ

תעודה
πιστοποιητικό

תלבושת בית ספר
μαθητική στολή

חינוך
εκπαίδευση

אנציקלופדיה
εγκυκλοπαίδεια

אוניברסיטה
πανεπιστήμιο

מיקרוסקופ
μικροσκόπιο

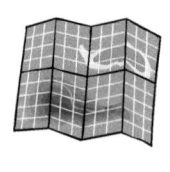

מפה
χάρτης

סל נייר
καλάθι αχρήστων

נסיעה

ταξίδι

מלון
ξενοδοχείο
Grand
הוסטל
ξενώνας
ROOMS
EXCHANGE
המרת מטבע
ανταλλακτήρια συναλλάγματος
מזוודה
βαλίτσα
אוטו
αυτοκίνητο

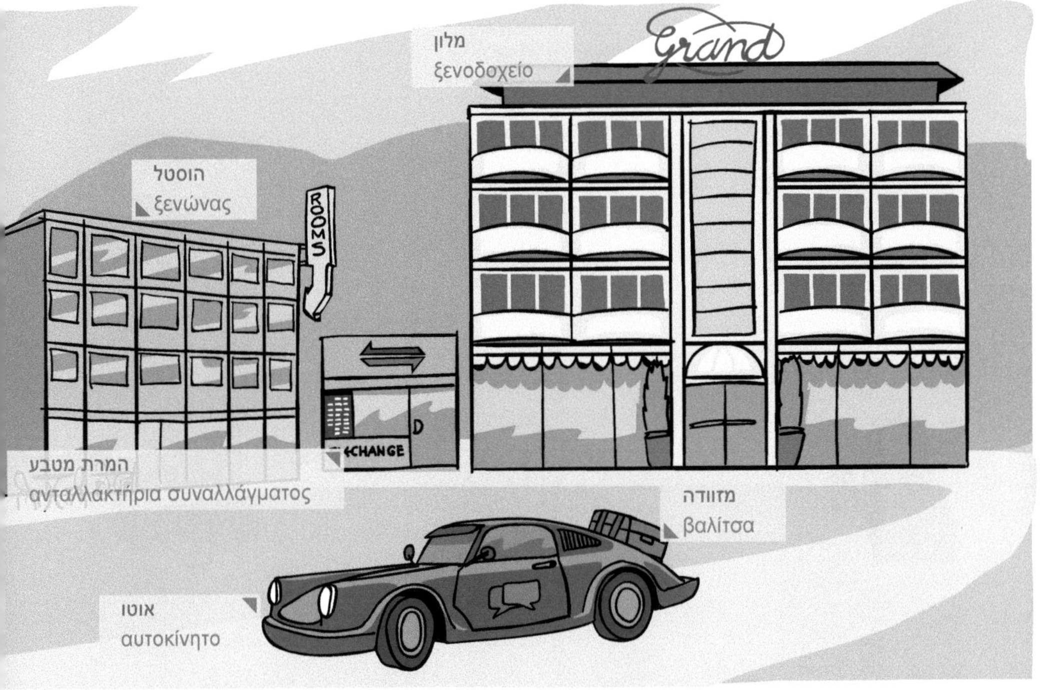

שפה

γλώσσα

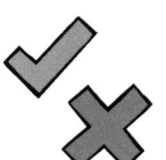

כן / לא

ναι / όχι

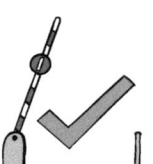

בסדר

εντάξει

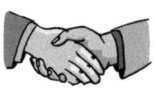

שלום

γεια σου

מתרגם

μεταφραστής

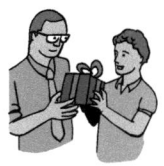

תודה

Ευχαριστώ

כמה עולה.....?

πόσο κάνει ;

אני לא מבין

Δε καταλαβαίνω

בעיה

πρόβλημα

ערב טוב!

Καλησπέρα!

בוקר טוב!

Καλημέρα!

לילה טוב!

Καληνύχτα!

להתראות

Αντίο

כיוון

κατεύθυνση

כבודה

αποσκευές

תיק

τσάντα

תרמיל גב

σακίδιο πλάτης

אורח

καλεσμένος

חדר

δωμάτιο

שק שינה

υπνόσακος

אוהל

σκηνή

מרכז מידע לתיירים

τουριστικές πληροφορίες

חוף ים

παραλία

כרטיס אשראי

πιστωτική κάρτα

ארוחת בוקר

πρωινό

ארוחת צהריים

μεσημεριανό

ארוחת ערב

δείπνο

כרטיס

εισιτήριο

מעלית

ανελκυστήρας

בול

γραμματόσημο

גבול

σύνορα

מכס

τελωνείο

שגרירות

πρεσβεία

אשרה

βίζα

דרכון

διαβατήριο

מטוס
αεροπλάνο

אונייה
πλοίο

כבאית
πυροσβεστικό όχημα

אוטובוס
λεωφορείο

משאית
φορτηγό

סירת מ
χανοκίνητο σκάφος
μηχανοκίνητο σκάφος

אופניים
ποδήλατο

אוטו
αυτοκίνητο

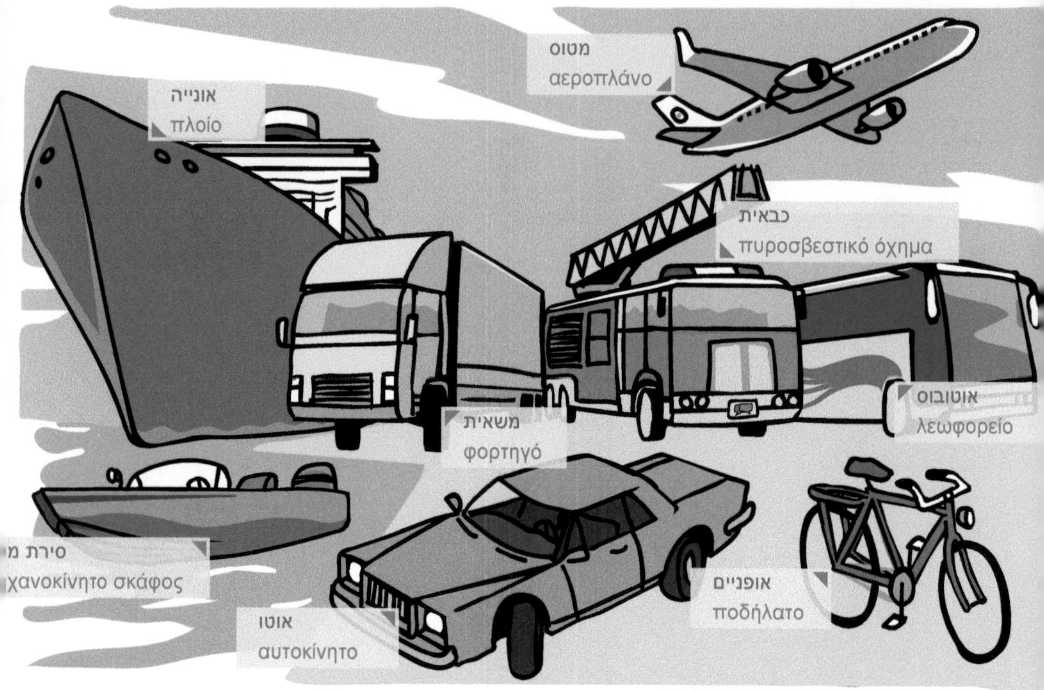

מעבורת
φεριμπότ

סירה
βάρκα

אופנוע
μοτοσικλέτα

ניידת משטרה
περιπολικό

מכונית מירוץ
αγωνιστικό αυτοκίνητο

רכב שכור
ενοικιαζόμενο αυτοκίνητο

מכוניות בשיתוף

διαμοιρασμός αυτοκινήτων

אוטו גרר

γερανός

משאית זבל

απορριμματοφόρο

מנוע

κινητήρας

דלק

καύσιμο

תחנת דלק

βενζινάδικο

תמרור

πινακίδα σήμανσης

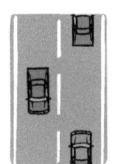

תנועה

κυκλοφορία

פקק תנועה

κυκλοφοριακή συμφόρηση

חניה

χώρος στάθμευσης

תחנת רכבת

σιδηροδρομικός σταθμός

פסי רכבת

σιδηροδρομικές γραμμές

רכבת

τρένο

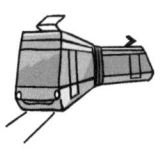

רכבת קלה

τραμ

קרון

βαγόνι

מסוק
ελικόπτερο

שדה-תעופה
αεροδρόμιο

מגדל
πύργος

נוסע
επιβάτης

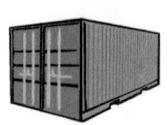

קונטיינר
εμπορευματοκιβώτιο

קרטון
χαρτοκιβώτιο

עגלה
καρότσι

סל
καλάθι

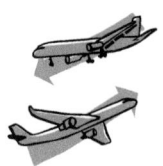

המראה / נחיתה
απογειώνομαι /
προσγειόνομαι

כפר
χωριό

מרכז העיר
κέντρο της πόλης

בית
σπίτι

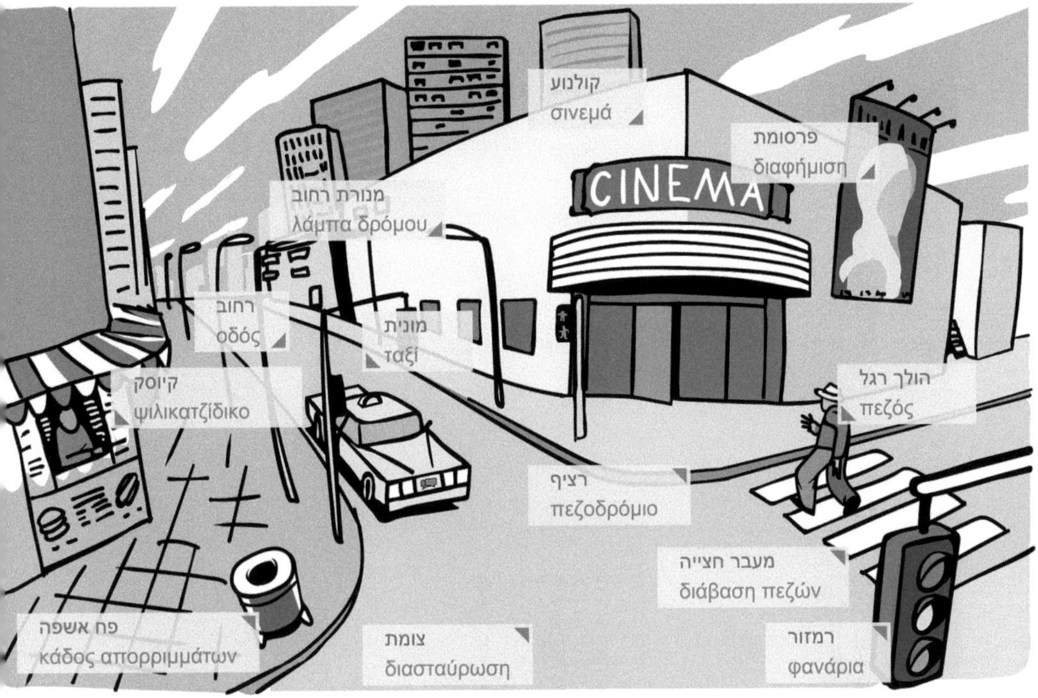

CINEMA
קולנוע
σινεμά
פרסומת
διαφήμιση
מנורת רחוב
λάμπα δρόμου
רחוב
οδός
מונית
ταξί
קיוסק
ψιλικατζίδικο
הולך רגל
πεζός
רציף
πεζοδρόμιο
מעבר חצייה
διάβαση πεζών
פח אשפה
κάδος απορριμμάτων
צומת
διασταύρωση
רמזור
φανάρια

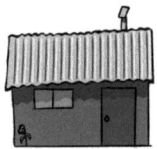

בקתה

καλύβα

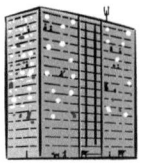

דירה

διαμέρισμα

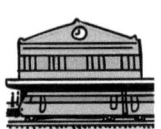

תחנת רכבת

σιδηροδρομικός σταθμός

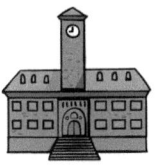

עירייה

δημαρχείο

MUSEUM

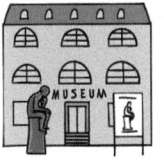

מוזיאון

μουσείο

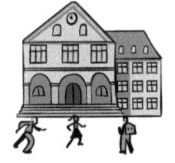

בית ספר

σχολείο

אוניברסיטה
πανεπιστήμιο

בנק
τράπεζα

בית חולים
νοσοκομείο

מלון
ξενοδοχείο

בית מרקחת
φαρμακείο

משרד
γραφείο

חנות ספרים
βιβλιοπωλείο

חנות
κατάστημα

חנות פרחים
ανθοπωλείο

סופרמרקט
σούπερ μάρκετ

שוק
αγορά

כל-בו
πολυκατάστημα

מוכר דגים
ιχθυοπωλείο

קניון
εμπορικό κέντρο

נמל
λιμάνι

פארק
πάρκο

ספסל
παγκάκι

גשר
γέφυρα

מדרגות
σκάλες

רכבת תחתית
μετρό

מנהרה
τούνελ

תחנת אוטובוס
στάση λεωφορείου

בר
μπαρ

מסעדה
εστιατόριο

תא דואר
γραμματοκιβώτιο

שלט רחוב
πινακίδα δρόμου

מדחן
παρκόμετρο

גן חיות
ζωολογικός κήπος

בריכת שחיה
πισίνα

מסגד
τζαμί

חווה

αγρόκτημα

זיהום

ρύπανση

בית עלמין

νεκροταφείο

כנסייה

εκκλησία

מגרש משחקים

παιδική χαρά

בית מקדש

ναός

נוף

τοπίο

עלה
φύλλο

תמרור
πινακίδα κατεύθυνσης

דרך
δρόμος

מרעה
λιβάδι

אבן
πέτρα

עץ
δέντρο

מטייל
πεζοπόρος

נהר
ποτάμι

דשא
χορτάρι

פרח
λουλούδι

בקעה
κοιλάδα

הר
λόφος

אגם
λίμνη

יער
δάσος

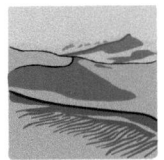

מדבר
έρημος

הר געש
ηφαίστειο

טירה
κάστρο

קשת בענן
ουράνιο τόξο

פטריה
μανιτάρι

דקל
φοίνικας

יתוש
κουνούπι

זבוב
μύγα

נמלה
μυρμήγκι

דבורה
μέλισσα

עכביש
αράχνη

חיפושית

σκαθάρι

צפרדע

βάτραχος

סנאי

σκίουρος

קיפוד

σκαντζόχοιρος

ארנב

λαγός

ינשוף

κουκουβάγια

ציפור

πουλί

ברבור

κύκνος

חזיר בר

αγριογούρουνο

צבי

ελάφι

אייל הקורא

άλκη

סכר

φράγμα

טורבינת רוח

ανεμογεννήτρια

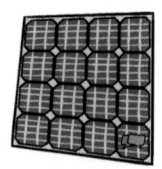

פנל סולארי

ηλιακός συλλέκτης

אקלים

κλίμα

מסעדה
εστιατόριο

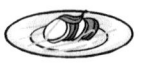

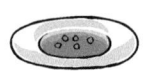

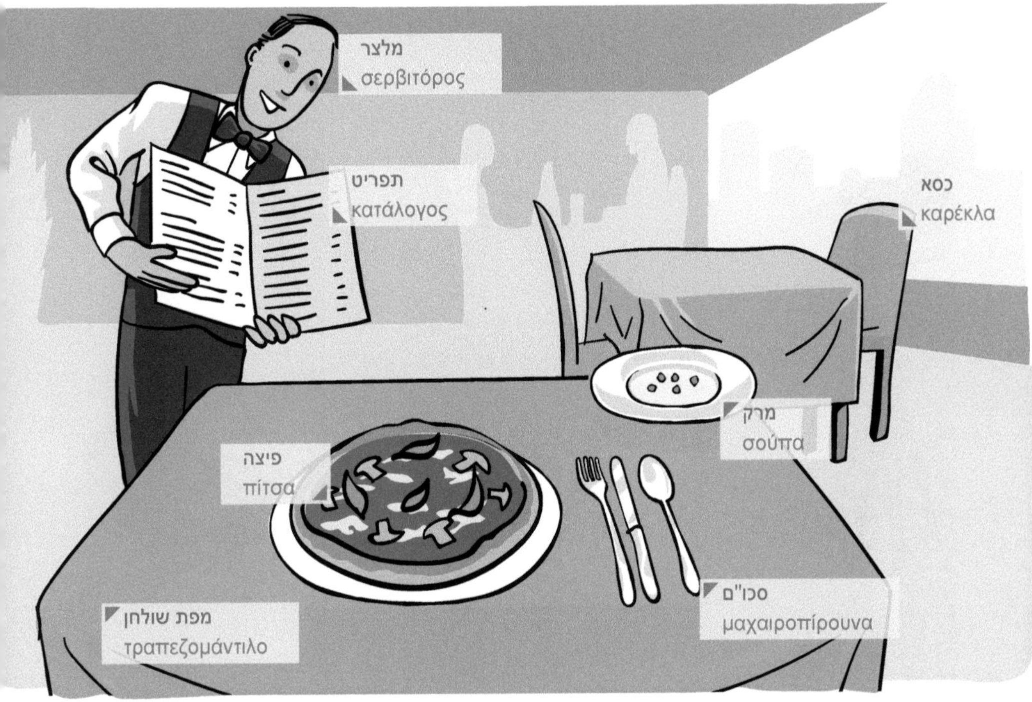
מלצר
σερβιτόρος
תפריט
κατάλογος
כסא
καρέκλα
מרק
σούπα
פיצה
πίτσα
מפת שולחן
τραπεζομάντιλο
סכו"ם
μαχαιροπίρουνα

מנת פתיחה

ορεκτικό

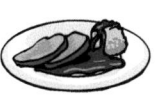

מנה עיקרית

κύριο πιάτο

קינוח

επιδόρπιο

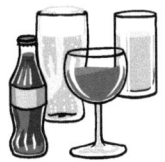

שתיות

ποτά

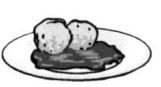

אוכל

φαγητό

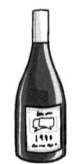

בקבוק

μπουκάλι

מזון מהיר

φαστ φουντ

אוכל רחוב

φαγητό στ' όρθιο

קנקן תה

τσαγιέρα

מסכרת

δοχείο ζάχαρης

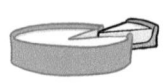

מנה

μερίδα

מכונת אספרסו

μηχανή εσπρέσο

כסא תינוק

ψηλή καρέκλα

חשבון

λογαριασμός

מגש

δίσκος

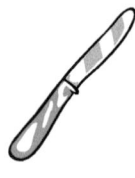

סכין

μαχαίρι

מזלג

πιρούνι

כף

κουτάλι

כפית

κουταλάκι του τσαγιού

מפית

πετσέτα φαγητού

כוס

ποτήρι

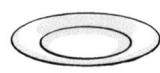

צלחת
πιάτο

קערת מרק
πιάτο σούπας

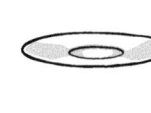

תחתית
πιατάκι φλιτζανιού

רוטב
σάλτσα

מלחייה
αλατιέρα

מטחנת פלפל
μύλος για πιπέρι

חומץ
ξύδι

שמן
λάδι

תבלינים
μπαχαρικά

קטשופ
κέτσαπ

חרדל
μουστάρδα

מיונז
μαγιονέζα

סופרמרקט

σούπερ μάρκετ

מבצע
προσφορά
FOR
לקוח
πελάτης
מוצרי חלב
γαλακτοκομικά προϊόντα
פירות
φρούτα
עגלת קניות
καρότσι για ψώνια

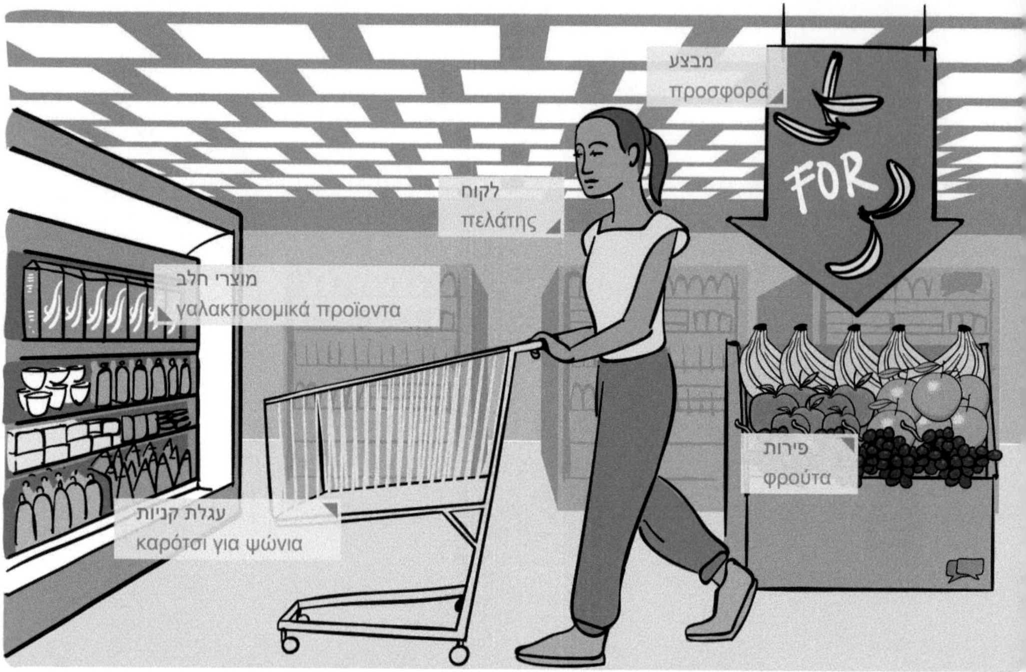

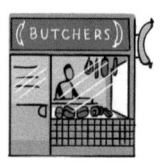

BUTCHERS

אטליז

κρεοπωλείο

BAKERY

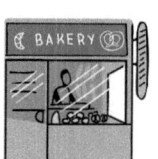

מאפייה

φούρνος

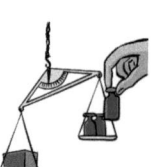

שקל

ζυγίζω

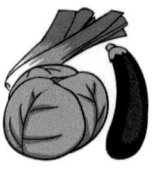

ירקות

λαχανικά

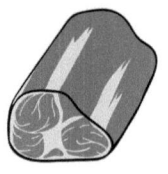

בשר

κρέας

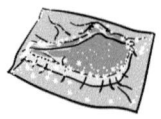

מזון קפוא

κατεψυγμένα τρόφιμα

בשר קר
αλλαντικά

שימורים
κονσερβοποιημένη τροφή

אבקת כביסה
απορρυπαντικό ρούχων

ממתקים
γλυκά

מוצרי בית
οικιακά είδη

חומר ניקוי
καθαριστικά προϊόντα

מוכרת
πωλήτρια

קופה
ταμείο

קופאי
ταμίας

רשימת קניות
λίστα για ψώνια

שעות פתיחה
ωράριο λειτουργίας

ארנק
πορτοφόλι

כרטיס אשראי
πιστωτική κάρτα

תיק
τσάντα

שקית נילון
πλαστική σακούλα

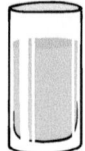

מים

νερό

מיץ

χυμός

חלב

γάλα

קולה

κόκα κόλα

יין

κρασί

בירה

μπίρα

אלכוהול

αλκοόλ

קקאו

κακάο

תה

τσάι

קפה

καφές

אספרסו

εσπρέσο

קפוצ'ינו

καπουτσίνο

בננה

μπανάνα

תפוח

μήλο

תפוז

πορτοκάλι

אבטיח

πεπόνι

לימון

λεμόνι

גזר

καρότο

שום

σκόρδο

במבוק

μπαμπού

בצל

κρεμμύδι

פטריות

μανιτάρι

אגוזים

ξηροί καρποί

אטריות

νουντλς

ספגטי

μακαρόνια

אורז

ρύζι

סלט

σαλάτα

צ'יפס

πατατάκια

צ'יפס

τηγανητές πατάτες

פיצה

πίτσα

המבורגר

χάμπουργκερ

כריך

σάντουιτς

שניצל

κοτολέτα

שינקין

ζαμπόν

סלאמי

σαλάμι

נקניקיה

λουκάνικο

עוף

κοτόπουλο

טיגון

ψητό

דג

ψάρι

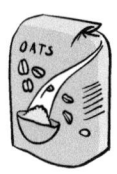

שיבולת שועל

χυλός βρώμης

מוזלי

μούσλι

קורנפלקס

κορν φλέικς

קמח

αλεύρι

קרואסון

κρουασάν

לחמנייה

ψωμάκι

לחם

ψωμί

טוסט

τοστ

עוגיות

μπισκότα

חמאה

βούτυρο

גבינה לבנה

τυρόπηγμα

עוגה

κέικ

ביצה

αυγό

ביצת עין

τηγανητό αυγό

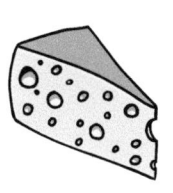

גבינה

τυρί

גלידה

παγωτό

סוכר

ζάχαρη

דבש

μέλι

ריבה

μαρμελάδα

ממרח נוגט

άλλειμμα σοκολάτας

קארי

κάρυ

בית חווה
αγρόσπιτο

חבילת שחת
δεμάτι άχυρου

אסם
αχυρώνας

שדה
χωράφι

סוס
άλογο

עגלת נגרר
ρυμουλκούμενο

סייח
πουλάρι

טרקטור
τρακτέρ

חמור
γάιδαρος

כבש
πρόβατο

טלה
αρνί

עז
....
κατσίκα

פרה
....
αγελάδα

עגל
....
μοσχαράκι

חזיר
....
γουρούνι

חזרזיר
....
γουρουνάκι

שור
....
ταύρος

אווז

χήνα

ברווז

πάπια

אפרוח

κοτοπουλάκι

תרנגולת

κότα

תרנגול

κόκορας

חולדה

αρουραίος

חתול

γάτα

עכבר

ποντίκι

שור

βόδι

כלב

σκύλος

מלונה

σπιτάκι σκύλου

צינור השקיה

λάστιχο κήπου

קנקן מים

ποτιστήρι

חרמש

θεριστήρι

מחרשה

αλέτρι

מגל
δρεπάνι

מגרפה
τσάπα

קלשון
δίκρανο

גרזן
τσεκούρι

מריצה
χειράμαξα

שוקת
ταΐστρα

כד חלב
δοχείο γάλακτος

שק
σάκος

גדר
φράχτης

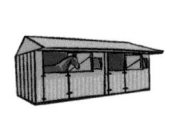

אורווה
στάβλος

חממה
θερμοκήπιο

אדמה
έδαφος

זרע
σπόρος

דשן
λίπασμα

מקצרה
θεριζοαλωνιστική μηχανή

חווה - αγρόκτημα

קצר

θερίζω

קציר

συγκομιδή

בטטה אפריקנית

γιαμς

חיטה

σιτάρι

סויה

σόγια

תפוח אדמה

πατάτα

תירס

καλαμπόκι

קנולה

κράμβη

עץ פירות

οπωροφόρο δέντρο

קסבה

μανιόκα

דגנים

δημητριακά

 אֲרוּבָּה
καμινάδα

גג
στέγη

מַרְזֵב
υδρορροή

חַלּוֹן
παράθυρο

מוּסָךְ
γκαράζ

פַּעֲמוֹן
κουδούνι

דֶּלֶת
πόρτα

פַּח אַשְׁפָּה
σκουπιδοτενεκές

תֵּיבַת מִכְתָּבִים
γραμματοκιβώτιο

גִּינָה
κήπος

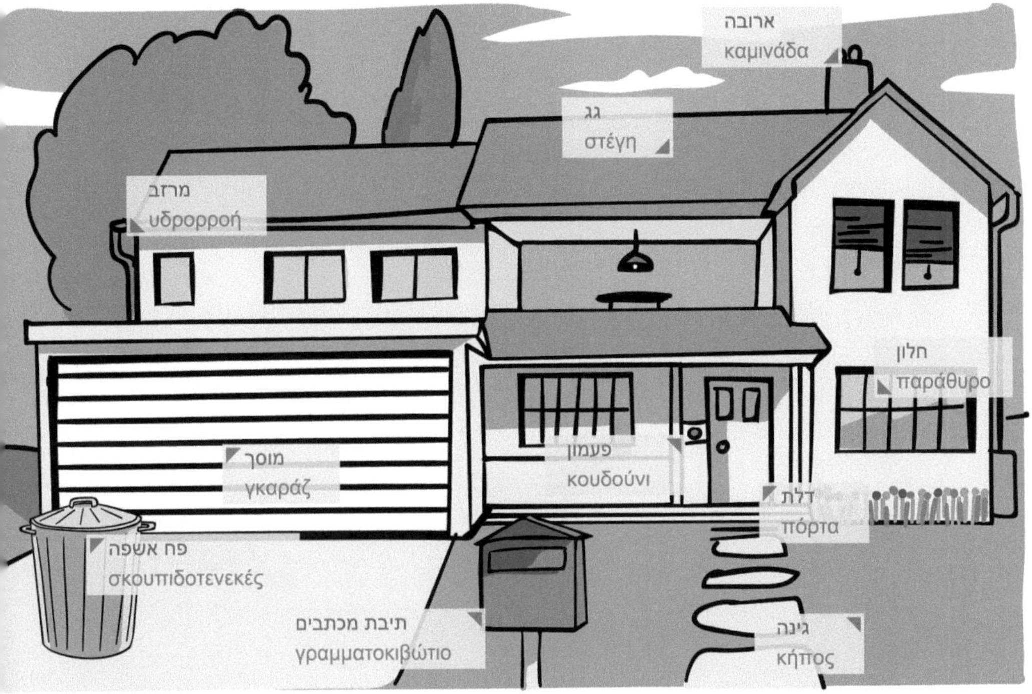

סָלוֹן
σαλόνι

חֲדַר אַמְבַּטְיָה
μπάνιο

מִטְבָּח
κουζίνα

חֲדַר שֵׁנָה
υπνοδωμάτιο

חֲדַר יְלָדִים
παιδικό δωμάτιο

חֲדַר אוֹכֶל
τραπεζαρία

רצפה
πάτωμα

קיר
τοίχος

תקרה
οροφή

מרתף
κελάρι

סאונה
σάουνα

מרפסת
μπαλκόνι

מרפסת
βεράντα

בריכה
πισίνα

מכסחת דשא
μηχανή του γκαζόν

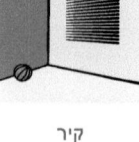

סדין
σεντόνι

כיסוי מיטה
κάλυμμα κρεβατιού

מיטה
κρεβάτι

מטאטא
σκούπα

דלי
κουβάς

מפסק
διακόπτης

סלון
σαλόνι

טפט
ταπετσαρία
תמונה
φωτογραφία
מנורה
λάμπα
מדף
ράφι
ארון
ντουλάπι
טלוויזיה
τηλεόραση
אח
τζάκι
פרח
λουλούδι
כרית
μαξιλάρι
ספה
καναπές
אגרטל
βάζο
שלט רחוק
τηλεκοντρόλ

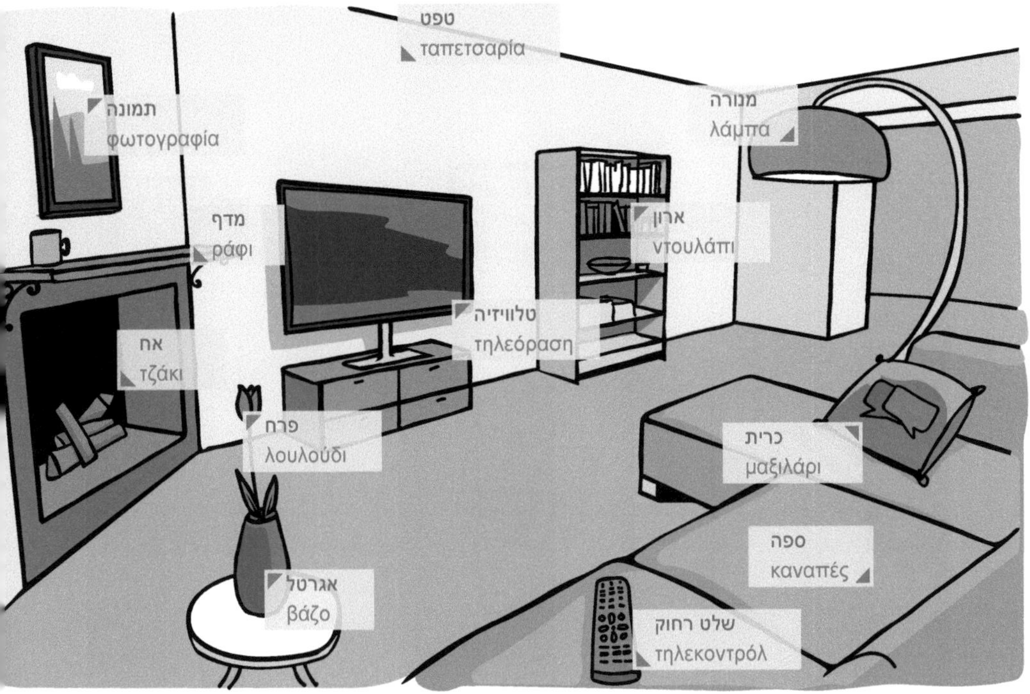

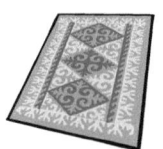

שטיח

χαλί

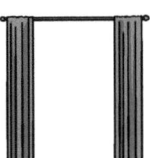

וילון

κουρτίνα

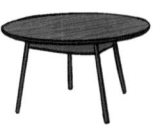

שולחן

τραπέζι

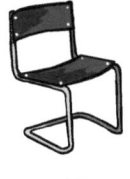

כסא

καρέκλα

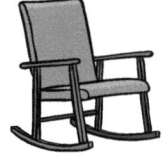

כיסא נדנדה

κουνιστή πολυθρόνα

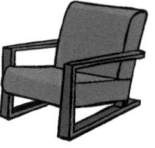

כורסה

πολυθρόνα

ספר

βιβλίο

שמיכה

κουβέρτα

דקורציה

διακόσμηση

עצי הסקה

καυσόξυλα

סרט

ταινία

מערכת סטריאו

στερεοφωνικό σύστημα

מפתח

κλειδί

עיתון

εφημερίδα

ציור

πίνακας ζωγραφικής

פוסטר

αφίσα

רדיו

ραδιόφωνο

מחברת

σημειωματάριο

שואב אבק

ηλεκτρική σκούπα

קקטוס

κάκτος

נר

κερί

מטבח
κουζίνα

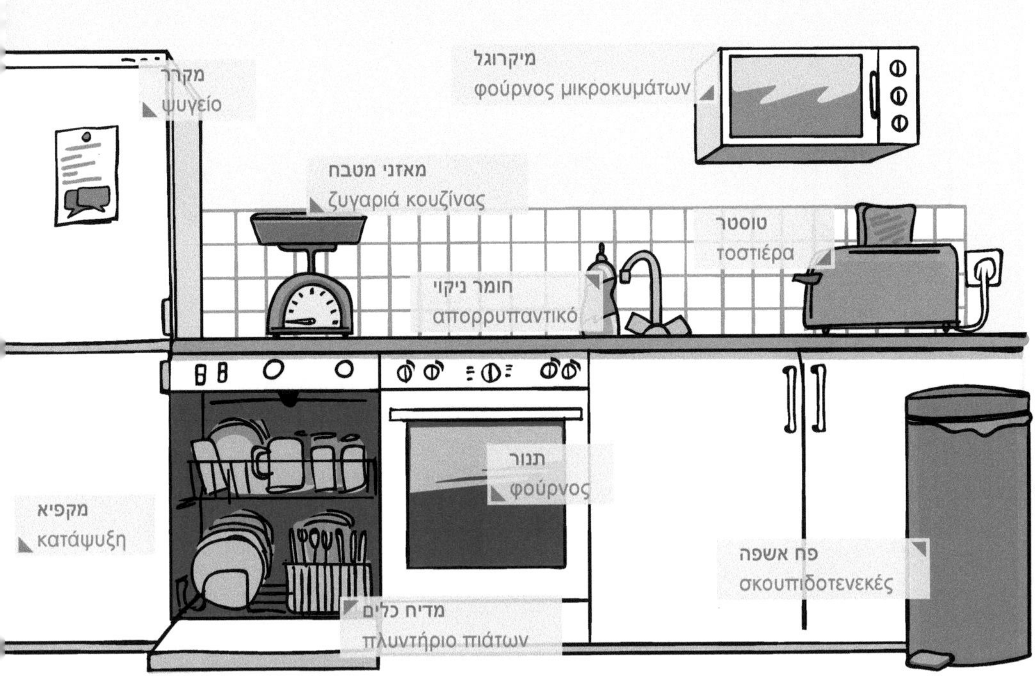
מיקרוגל
φούρνος μικροκυμάτων
מקרר
ψυγείο
מאזני מטבח
ζυγαριά κουζίνας
טוסטר
τοστιέρα
חומר ניקוי
απορρυπαντικό
תנור
φούρνος
מקפיא
κατάψυξη
פח אשפה
σκουπιδοτενεκές
מדיח כלים
πλυντήριο πιάτων

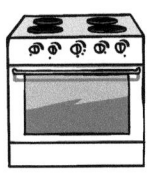

תנור
κουζίνα

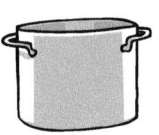

סיר
κατσαρόλα

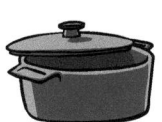

סיר ברזל
μαντεμένια κατσαρόλα

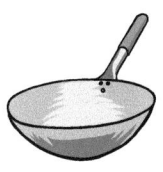

ווק
γουόκ/καντάι

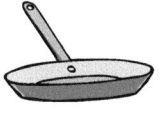

מחבת
τηγάνι

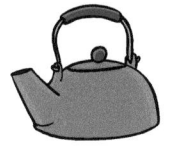

קומקום חשמלי
βραστήρας

מאדה

ατμομάγειρας

מגש אפייה

ταψί

כלי אוכל

πιατικά

ספל

κούπα

קערה

μπολ

צ'ופסטיקס

ξυλάκια

מצקת

κουτάλα

מרית

σπάτουλα

מטרפה

ανακατεύω

מסננת בישול

σουρωτήρι

מסננת

σουρωτηράκι

מגרדת

τρίφτης

מכתש

γουδί

גריל

ψησταριά

מדורה

ανοιχτή φωτιά

קרש חיתוך

σανίδα κοπής

מערוך

πλάστης

פותחן פקקים

ανοιχτήρι φελλών

פחית

κονσέρβα

פותחן קופסאות

ανοιχτήρι κονσέρβας

מטלית

γάντι φούρνου

כיור

νεροχύτης

מברשת

βούρτσα

ספוג

σφουγγάρι

בלנדר

μπλέντερ

מקפיא

καταψύκτης

בקבוק לתינוק

μπιμπερό

ברז

βρύση

חדר אמבטיה

μπάνιο

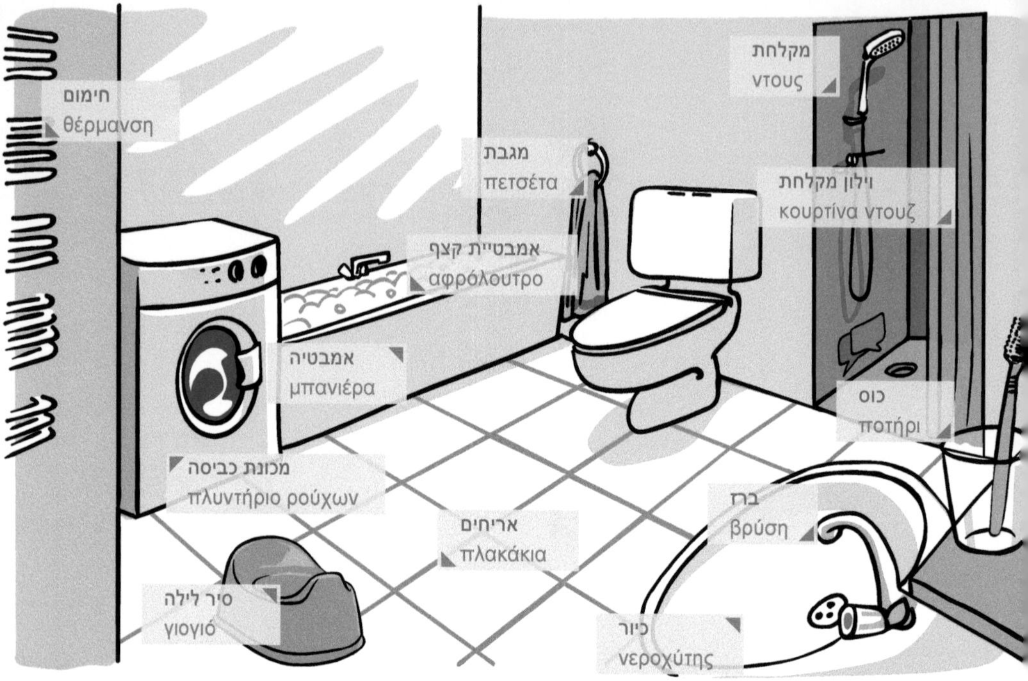

חימום
θέρμανση
מגבת
πετσέτα
מקלחת
ντους
וילון מקלחת
κουρτίνα ντουζ
אמבטיית קצף
αφρόλουτρο
אמבטיה
μπανιέρα
מכונת כביסה
πλυντήριο ρούχων
אריחים
πλακάκια
כוס
ποτήρι
ברז
βρύση
סיר לילה
γιογιό
כיור
νεροχύτης

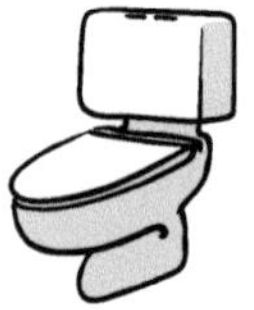

אסלה

τουαλέτα

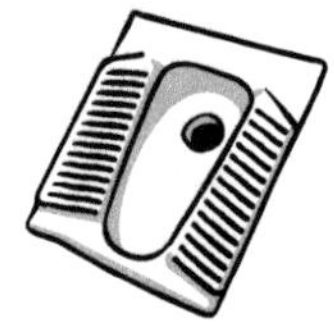

אסלת כריעה

τούρκικη τουαλέτα

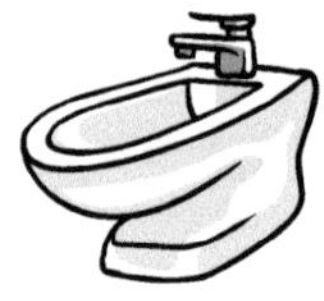

בידה

μπιντές

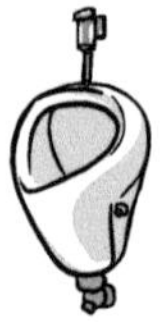

משתנה

ουρητήριο

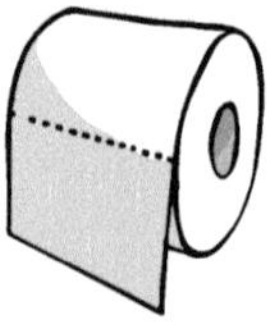

נייר טואלט

χαρτί υγείας

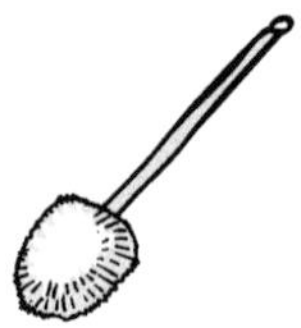

מברשת אסלה

πιγκάλ

מברשת שיניים

οδοντόβουρτσα

משחת שיניים

οδοντόκρεμα

חוט דנטלי

οδοντικό νήμα

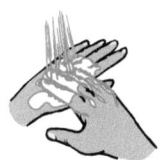

שטף

πλένω

מקלחת יד

τηλέφωνο ντους

צינור שטיפה לשירותים

ντουσιέρα

קערת רחצה

λεκάνη

מברשת גב

βούρτσα πλάτης

סבון

σαπούνι

ג'ל רחצה

αφρόλουτρο

שמפו

σαμπουάν

ליפה

φανέλα

ניקוז

σιφόνι

קרם

κρέμα

דיאודורנט

αποσμητικό

מראה
καθρέφτης

מראת יד
καθρέφτης χειρός

סכין גילוח
ξυραφάκι

קצף גילוח
αφρός ξυρίσματος

אפטרשייב
αφτερσέιβ

מסרק
χτένα

מברשת
βούρτσα

מייבש שיעור
σεσουάρ

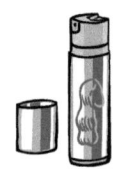

ספריי לשיער
λακ

איפור
μακιγιάζ

שפתון
κραγιόν

לק
βερνίκι νυχιών

צמר גפן
βαμβάκι

מספריים לציפורניים
ψαλίδι νυχιών

בושם
άρωμα

תיק כלי רחצה
νεσεσέρ

שרפרף
σκαμπό

משקל
ζυγαριά

חלוק רחצה
μπουρνούζι

כפפות גומי
ελαστικά γάντια

טמפון
ταμπόν

תחבושת סניטרית
πετσέτα υγιεινής

שירותים כימיקליים
χημική τουαλέτα

חדר ילדים
παιδικό δωμάτιο

שעון מעורר
ξυπνητήρι
צעצוע חיבוק
λούτρινο ζωάκι
מכונית צעצוע
αυτοκινητάκι
רעשן
κουδουνίστρα
בית בובות
κουκλόσπιτο
מתנה
δώρο

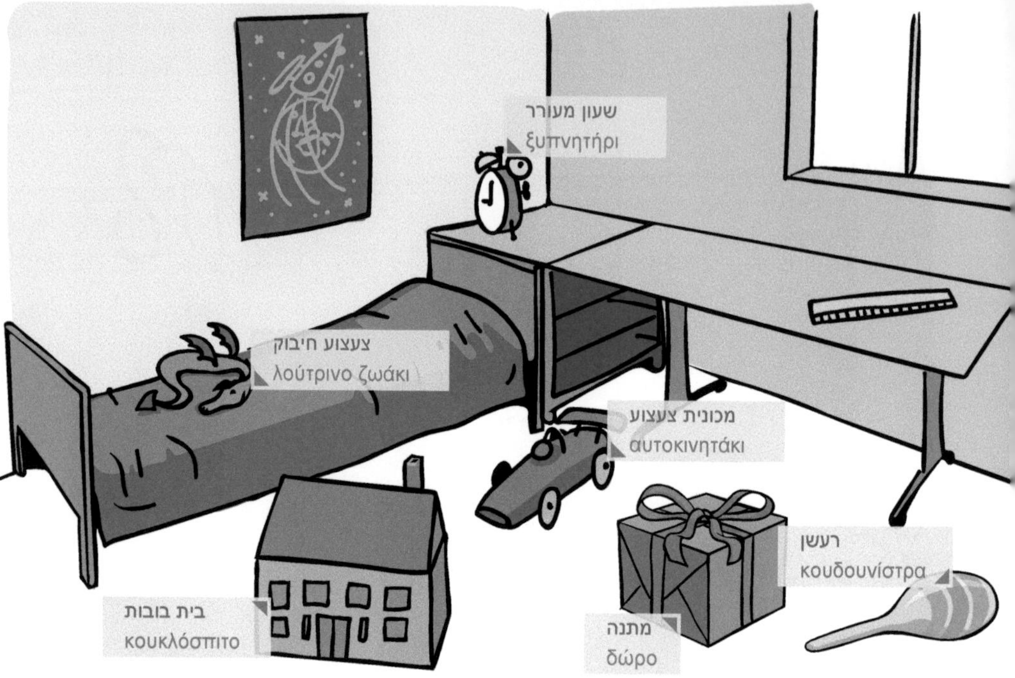

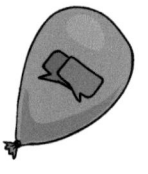

בלון
μπαλόνι

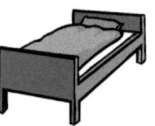

מיטה
κρεβάτι

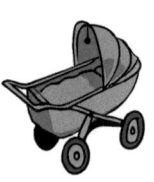

עגלה
καροτσάκι

משחק קלפים
τράπουλα

פאזל
παζλ

SUPER
MEGA

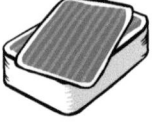

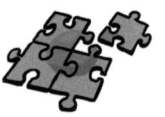

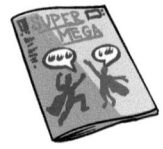

קומיקס
κόμικς

לגו

τουβλάκια lego

קוביות משחק

τουβλάκια κατασκευών

דמות משחק

φιγούρα δράσης

סרבל תינוקות

βρεφικό φορμάκι

פריזבי

φρίσμπι

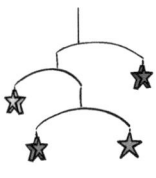

נייד

μόμπιλο

משחק לוח

επιτραπέζιο παιχνίδι

קוביה

ζάρια

רכבת צעצוע

σετ τρενάκι

מוצץ

πιπίλα

מסיבה

πάρτι

אלבום תמונות

εικονογραφημένο βιβλίο

כדור

μπάλα

בובה

κούκλα

שיחק

παίζω

ארגז חול

σκάμμα με άμμο

נדנדה

κούνια

צעצועים

παιχνίδια

קונסולת משחקים

κονσόλα βιντεοπαιχνιδιών

אופניים תלת גלגלי

τρίκυκλο

דובון

αρκουδάκι

ארון בגדים

ντουλάπα

גרביים

κάλτσες

גרביונים

καλτσοδέτες

גרביון

καλσόν

צעיף
κασκόλ

מטריה
ομπρέλα

חולצת טי
μπλουζάκι

חגורה
ζώνη

מגפיים
μπότες

נעלי בית
παντόφλες

נעלי ספורט
αθλητικά παπούτσια

סנדלים
....
σανδάλια

נעליים
....
παπούτσια

מגפי גומי
....
γαλότσες

תחתונים
....
εσώρουχο

חזייה
....
σουτιέν

וסט
....
φανέλα

גוף
σώμα

מכנסיים
παντελόνι

ג'ינס
τζιν παντελόνι

חצאית
φούστα

חולצה מכופתרת
μπλούζα

חולצה
πουκάμισο

אפודה
πουλόβερ

סוודר עם קפוצ'ון
πουλόβερ

בלייזר
σακάκι

ז'קט
μπουφάν

מעיל
παλτό

מעיל גשם
αδιάβροχο πανωφόρι

תלבושת
κοστούμι

שמלה
φόρεμα

שמלת כלה
νυφικό

חליפה
κοστούμι

כותונת לילה
νυχτικό

פיג'מה
πιτζάμες

סארי
σάρι

מטפחת ראש
μαντήλι

טורבן
τουρμπάνι

בורקה
μπούρκα

קאפטן
καφτάνι

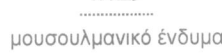

עבאיה
μουσουλμανικό ένδυμα

בגד ים
ολόσωμο μαγιό

בגד ים
ανδρικό μαγιό

מכנסיים קצרים
σορτς

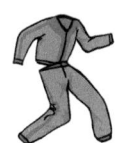

בגד אימון
αθλητική φόρμα

סינר
ποδιά

כפפות
γάντια

כפתור

κουμπί

משקפיים

γυαλιά

צמיד יד

βραχιόλι

שרשרת

περιδέραιο

טבעת

δαχτυλίδι

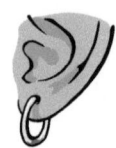

עגיל

σκουλαρίκι

כובע

καπέλο

קולב

κρεμάστρα

כובע

καπέλο

עניבה

γραβάτα

רוכסן

φερμουάρ

קסדה

κράνος

כתפיות

τιράντες

תלבושת בית ספר

μαθητική στολή

מדים

στολή

מפית אוכל

σαλιάρα

מוצץ

πιπίλα

חיתול

πάνα

משרד

γραφείο

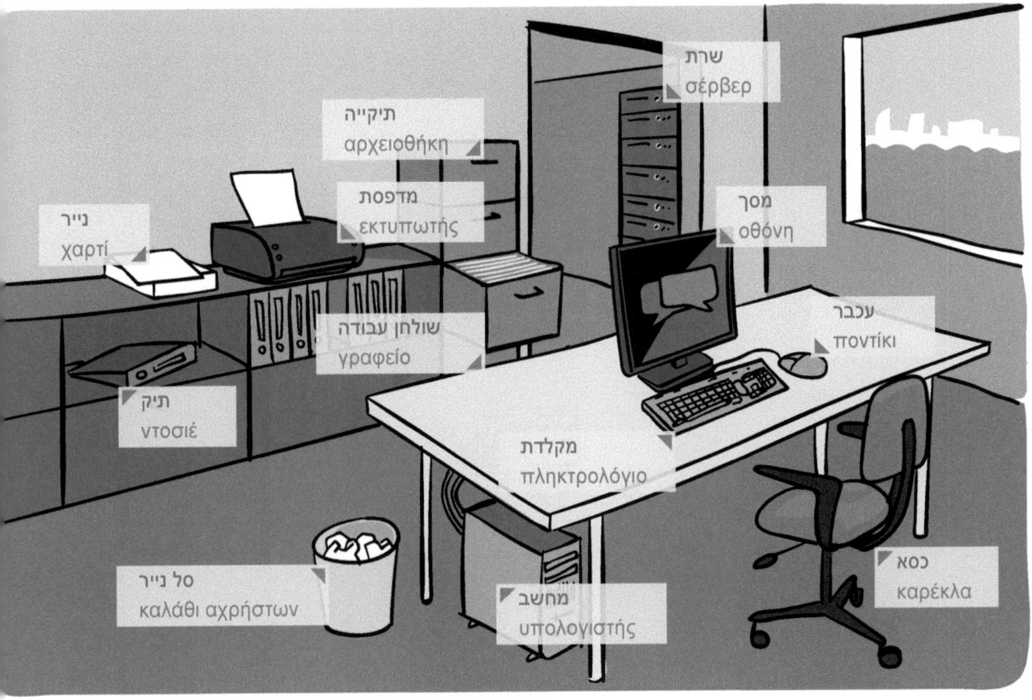

שרת
σέρβερ

תיקייה
αρχειοθήκη

מדפסת
εκτυπωτής

מסך
οθόνη

נייר
χαρτί

עכבר
ποντίκι

שולחן עבודה
γραφείο

תיק
ντοσιέ

מקלדת
πληκτρολόγιο

כסא
καρέκλα

סל נייר
καλάθι αχρήστων

מחשב
υπολογιστής

ספל קפה

κούπα του καφέ

מחשבון

κομπιουτεράκι

אינטרנט

ίντερνετ

מחשב נייד
λάπτοπ

מכתב
γράμμα

הודעה
μήνυμα

נייד
κινητό

רשת
δίκτυο

מכונת צילום
φωτοτυπικό μηχάνημα

תוכנה
λογισμικό

טלפון
τηλέφωνο

שקע
πρίζα

פקס
συσκευή φαξ

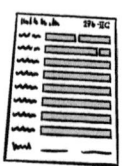

טופס
έντυπο

מסמך
έγγραφο

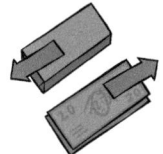

קנה

αγοράζω

שילם

πληρώνω

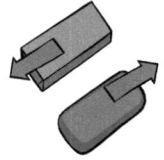

סחר

συναλλάσσομαι

כסף

χρήματα

דולר

δολάριο

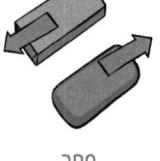

יורו

ευρώ

יֵן

γιεν

רובל

ρούβλι

פרנק שווייצרי

ελβετικό φράγκο

יואן רנמינבי

ρενμίνμπι γιουάν

רופי

ρουπία

כספומט

ATM (αυτόματη ταμειακή μηχανή)

המרת מטבע

ανταλλακτήρια
συναλλάγματος

זהב

χρυσός

כסף

ασήμι

נפט

πετρέλαιο

אנרגיה

ενέργεια

מחיר

τιμή

חוזה

συμβόλαιο

מס

φόρος

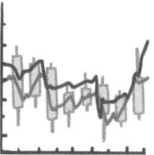

מנייה

μετοχή

עבד

δουλεύω

עובד

υπάλληλος

מעסיק

εργοδότης

מפעל

εργοστάσιο

חנות

κατάστημα

מקצועות
επαγγέλματα

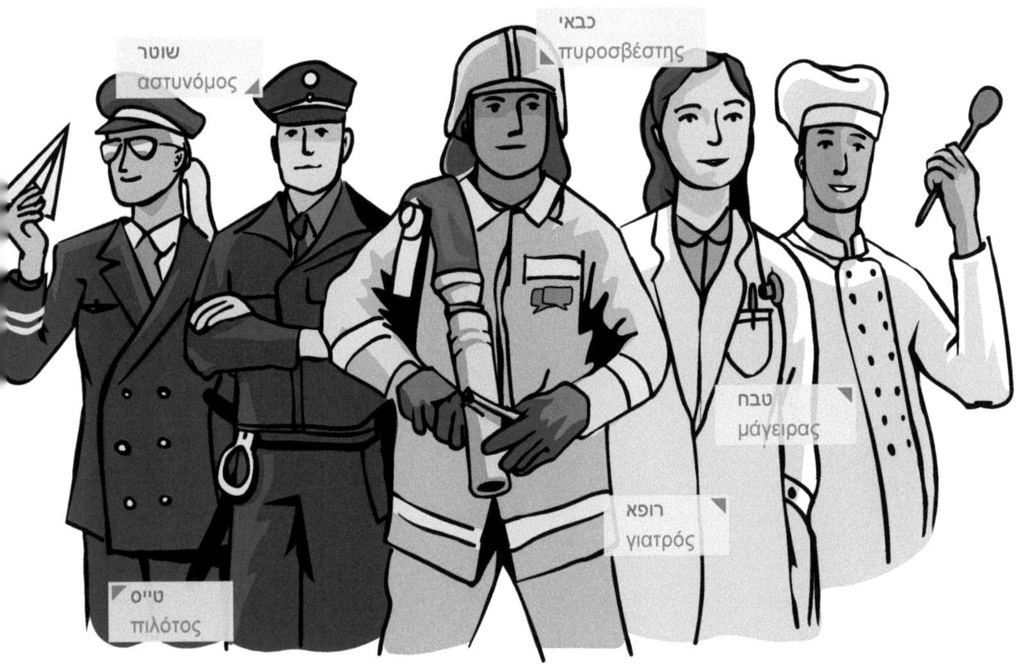

שוטר
αστυνόμος
כבאי
πυροσβέστης
טבח
μάγειρας
רופא
γιατρός
טייס
πιλότος

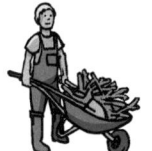

גנן

κηπουρός

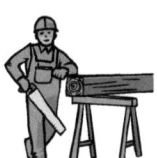

נגר

ξυλουργός

תופרת

μοδίστρα

שופט

δικαστής

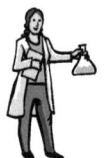

כימאי

χημικός

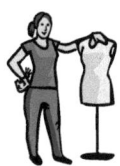

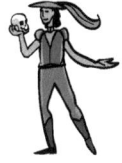

שחקן

ηθοποιός

נהג אוטובוס

οδηγός λεωφορείου

נהג מונית

ταξιτζής

דייג

ψαράς

עובדת נקיון

καθαρίστρια

מתקן גגות

τεχνίτης στεγών

מלצר

σερβιτόρος

צייד

κυνηγός

צייר

ζωγράφος

אופה

αρτοποιός

חשמלאי

ηλεκτρολόγος

עובד בניין

οικοδόμος

מהנדס

μηχανολόγος

קצב

κρεοπώλης

אינסטלטור

υδραυλικός

דוור

ταχυδρόμος

חייל
στρατιώτης

אדריכל
αρχιτέκτονας

קופאי
ταμίας

מוכר פרחים
ανθοπώλης

ספר
κομμωτής

כרטיסן
ελεγκτής εισιτηρίων

מכונאי
μηχανικός

קברניט
καπετάνιος

רופא שיניים
οδοντίατρος

מדען
επιστήμονας

רב
ραβίνος

אימאם
ιμάμης

נזיר
μοναχός

כומר
ιερέας

כלי עבודה
εργαλεία

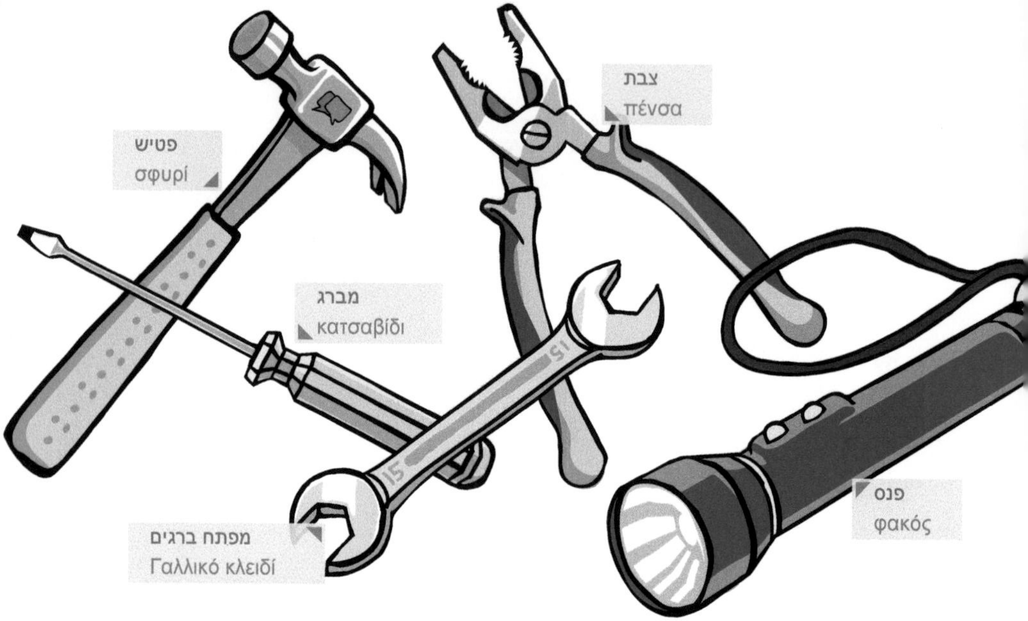

פטיש
σφυρί
צבת
πένσα
מברג
κατσαβίδι
מפתח ברגים
Γαλλικό κλειδί
פנס
φακός

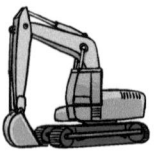

דחפור
εκσκαφέας

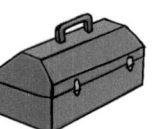

ארגז כלים
εργαλειοθήκη

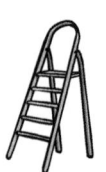

סולם
σκάλα

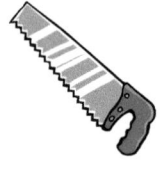

מסור
πριόνι

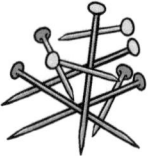

מסמרים
καρφιά

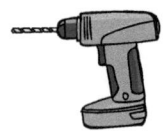

מקדחה
τρυπάνι

תיקון
επισκευάζω

את חפירה
φτυάρι

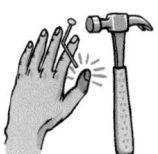

לעזאזל!
Να πάρει!

יעה
φαράσι

פח צבע
δοχείο χρωμάτων

ברגים
βίδες

כלי נגינה
μουσικά όργανα

מערכת תופים
ντραμς

רמקול
μεγάφωνο

קונטראבס
κοντραμπάσο

חצוצרה
τρομπέτα

גיטרה
κιθάρα

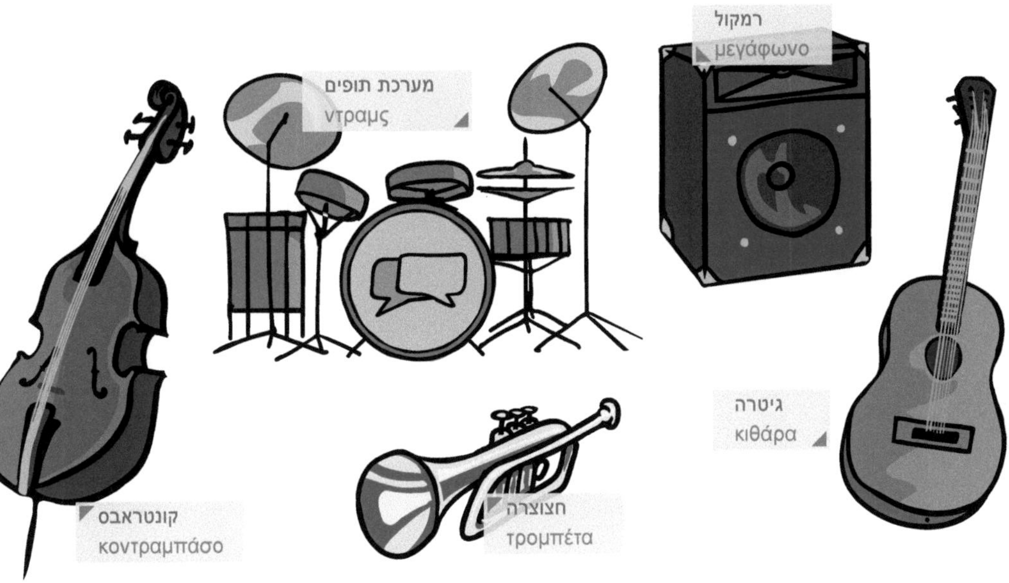

פסנתר

πιάνο

כינור

βιολί

בס

μπάσο

תוף הדוד

τύμπανα

תופים

τύμπανο

מקלדת פסנתר

πλήκτρα

סקסופון

σαξόφωνο

חליל

φλάουτο

מיקרופון

μικρόφωνο

גן חיות
ζωολογικός κήπος

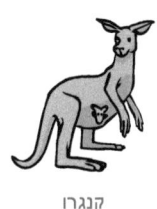

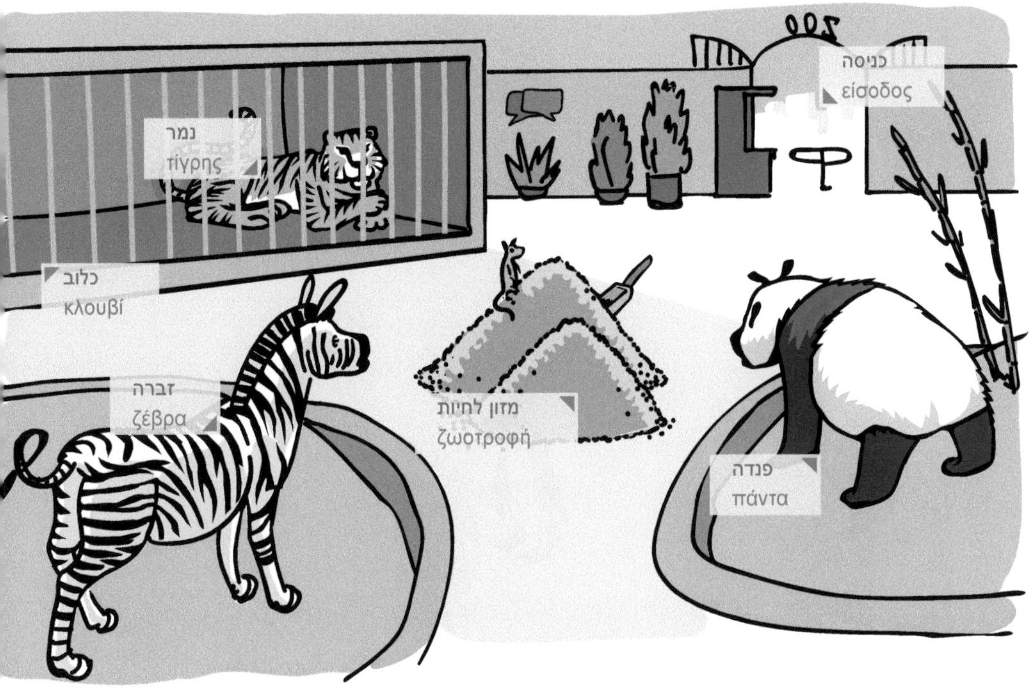

כניסה
είσοδος
נמר
τίγρης
כלוב
κλουβί
זברה
ζέβρα
מזון לחיות
ζωοτροφή
פנדה
πάντα

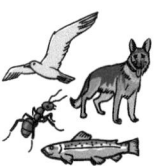

בעלי חיים

ζώα

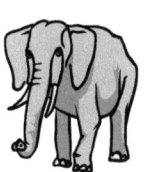

פיל

ελέφαντας

קנגרו

καγκουρό

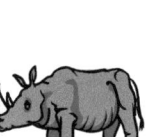

קרנף

ρινόκερος

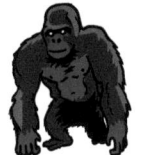

גורילה

γορίλας

דוב

αρκούδα

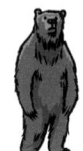

גמל

καμήλα

יען

στρουθοκάμηλος

אריה

λιοντάρι

קוף

πίθηκος

פלמינגו

φλαμίνγκο

תוכי

παπαγάλος

דוב הקרח

πολική αρκούδα

פינגווין

πιγκουίνος

כריש

καρχαρίας

טווס

παγώνι

נחש

φίδι

תנין

κροκόδειλος

שומר גן החיות

φύλακας ζωολογικού κήπου

כלב ים

φώκια

יגואר

τζάγκουαρ

סוס פוני

πόνυ

לאופרד

λεοπάρδαλη

היפופוטאם

ιπποπόταμος

ג'ירפה

καμηλοπάρδαλη

נשר

αετός

חזיר בר

αγριογούρουνο

דג

ψάρι

צב

χελώνα

סוס ים

θαλάσσιος ίππος

שועל

αλεπού

איילה

γαζέλα

פוטבול אמריקאי
Αμερικάνικο ποδόσφαιρο

רכיבת אופניים
ποδηλασία

טניס
αντισφαίριση

כדורסל
μπάσκετ

שחיה
κολύμβηση

הוקי
χόκεϋ επί πάγου

אגרוף
πυγμαχία

כדורגל
ποδόσφαιρο

בדמינטון
μπάντμιντον

אתלטיקה
στίβος

כדור-יד
χάντμπολ

עשה סקי
σκι

פולו
πόλο

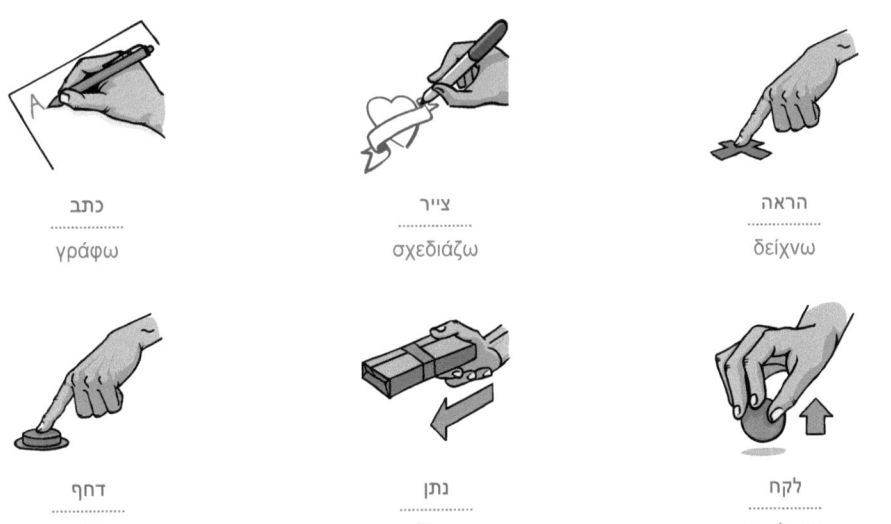

פעילויות
δραστηριότητες

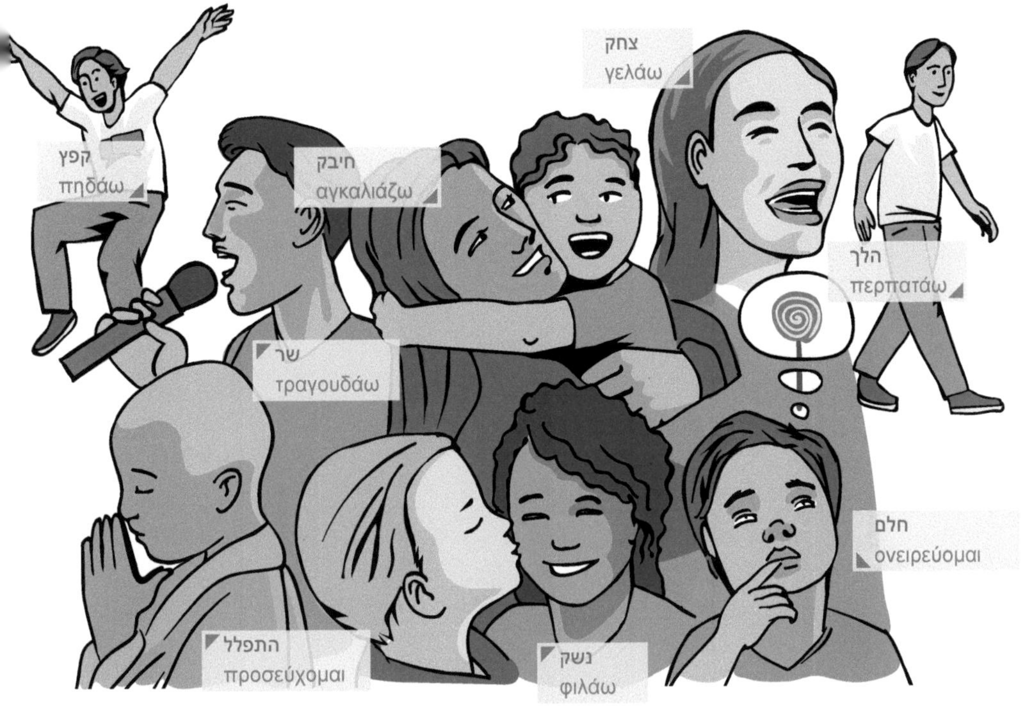

קפץ
πηδάω
חיבק
αγκαλιάζω
צחק
γελάω
הלך
περπατάω
שר
τραγουδάω
חלם
ονειρεύομαι
התפלל
προσεύχομαι
נשק
φιλάω

כתב

γράφω

צייר

σχεδιάζω

הראה

δείχνω

דחף

πιέζω

נתן

δίνω

לקח

παίρνω

יש / להיות הבעלים
έχω

עשה
κάνω

היה
είμαι

עמד
στέκομαι

רץ
τρέχω

משך
τραβάω

זרק
ρίχνω

נפל
πέφτω

שכב
ξαπλώνω

חיכה
περιμένω

סחב
κουβαλώ

ישב
κάθομαι

התלבש
φοράω

ישן
κοιμάμαι

התעורר
ξυπνάω

הסתכל ב-
κοιτάω

בכה
κλαίω

ליטף
χαϊδεύω

סירק
χτενίζω

דיבר
μιλάω

הבין
καταλαβαίνω

שאל
ρωτάω

שמע
ακούω

שתה
πίνω

אכל
τρώω

סידר
συγυρίζω

אהב
αγαπάω

בישל
μαγειρεύω

נהג
οδηγώ

עף
πετάω

שט

κάνω ιστιοπλοΐα

חישב

υπολογίζω

קרא

διαβάζω

למד

μαθαίνω

עבד

δουλεύω

התחתן

παντρεύομαι

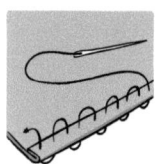

תפר

ράβω

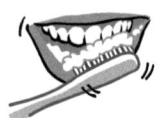

ציחצח שיניים

βουρτσίζω τα δόντια

הרג

σκοτώνω

עישן

καπνίζω

שלח

στέλνω

משפחה

οικογένεια

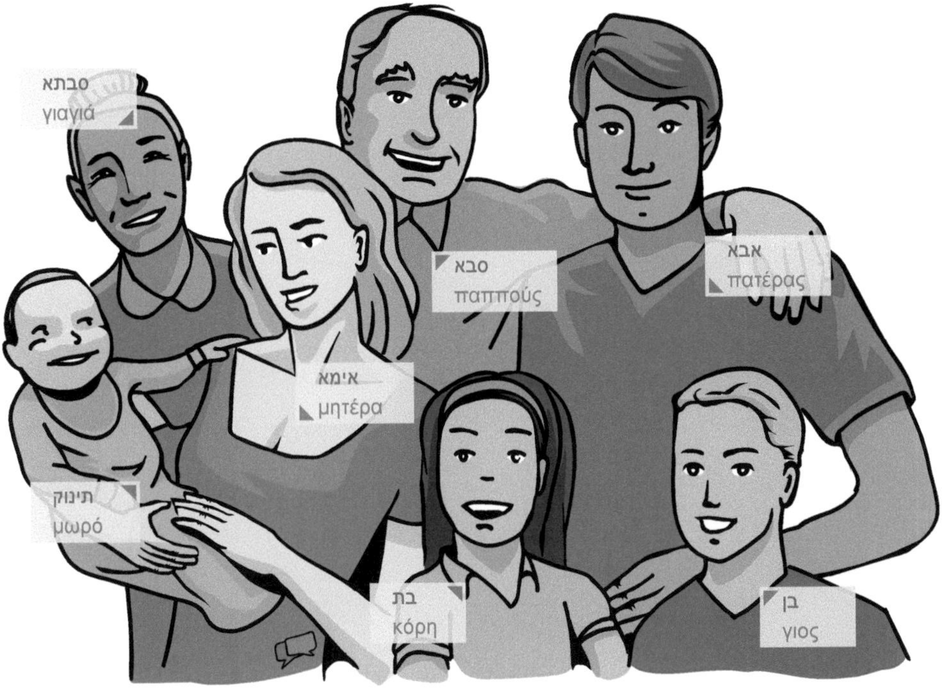
סבתא
γιαγιά
סבא
παππούς
אבא
πατέρας
אימא
μητέρα
תינוק
μωρό
בת
κόρη
בן
γιος

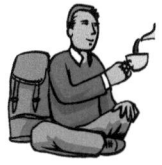

אורח

καλεσμένος

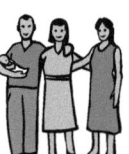

דודה

θεία

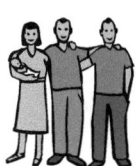

דוד

θείος

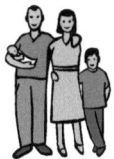

אח

αδελφός

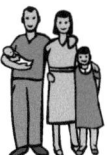

אחות

αδελφή

גוף

σώμα

מצח
μέτωπο
עין
μάτι
כתף
ώμος
אצבע
δάχτυλο
פנים
πρόσωπο
סנטר
πιγούνι
כף יד
χέρι
רגל
πόδι
חזה
στήθος
זרוע
βραχίονας

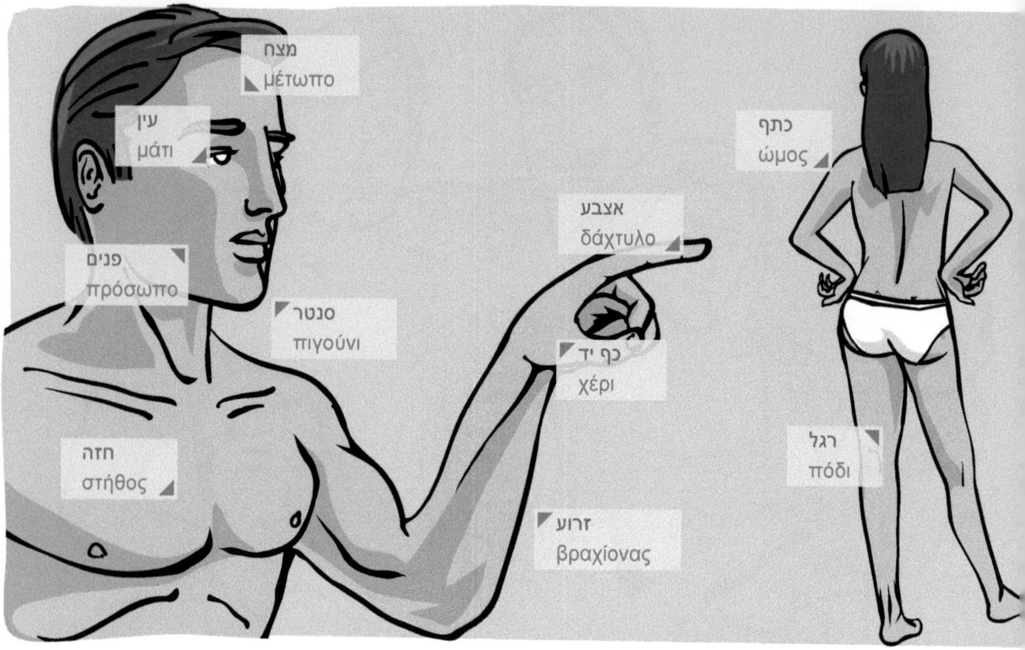

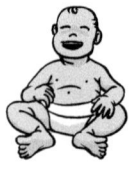

תינוק

μωρό

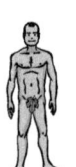

איש

άνδρας

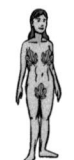

אישה

γυναίκα

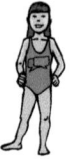

ילדה

κορίτσι

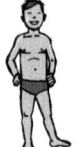

ילד

αγόρι

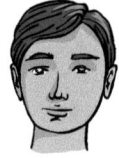

ראש

κεφάλι

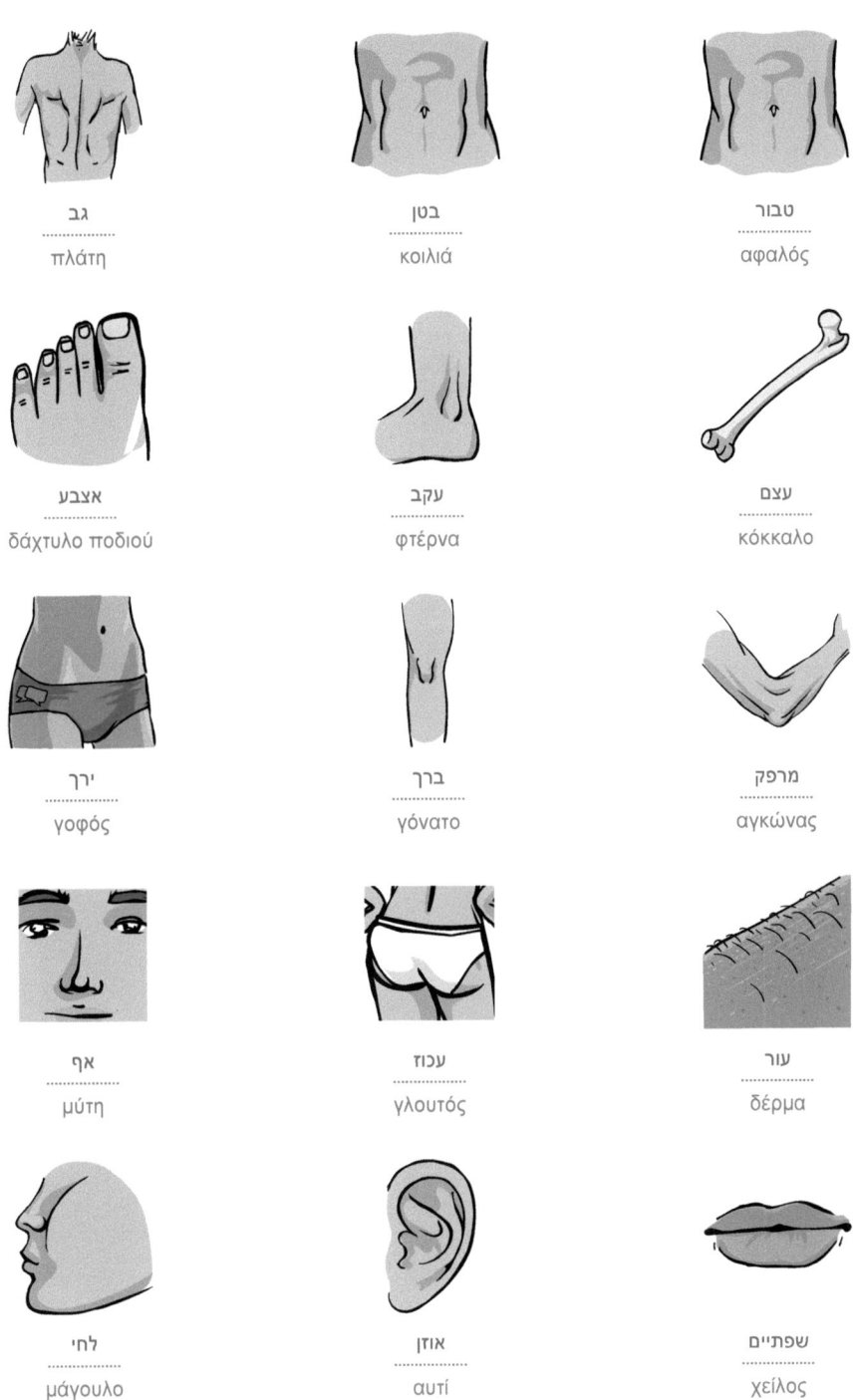

גב	בטן	טבור
πλάτη	κοιλιά	αφαλός

אצבע	עקב	עצם
δάχτυλο ποδιού	φτέρνα	κόκκαλο

ירך	ברך	מרפק
γοφός	γόνατο	αγκώνας

אף	עכוז	עור
μύτη	γλουτός	δέρμα

לחי	אוזן	שפתיים
μάγουλο	αυτί	χείλος

פה

στόμα

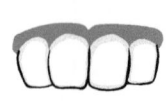

שן

δόντι

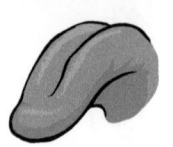

לשון

γλώσσα

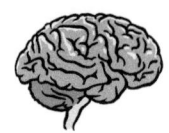

מוח

εγκέφαλος

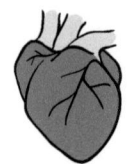

לב

καρδιά

שריר

μυς

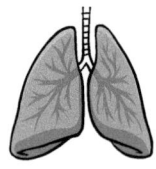

ריאה

πνεύμονας

כבד

συκώτι

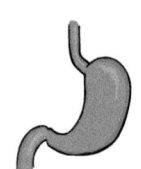

קיבה

στομάχι

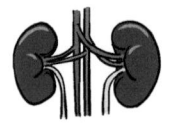

כליות

νεφρά

מין

σεξουαλική επαφή

קונדום

προφυλακτικό

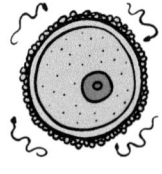

ביצית

ωάριο

זרע

σπέρμα

הריון

εγκυμοσύνη

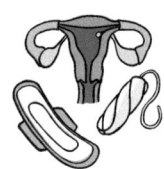

ווסת
....
περίοδος

נרתיק
....
γυναικείος κόλπος

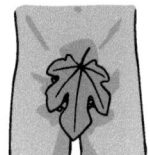

פין
....
πέος

גבה
....
φρύδι

שיער
....
μαλλιά

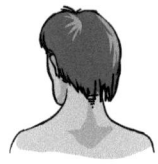

צוואר
....
λαιμός

בית חולים
νοσοκομείο

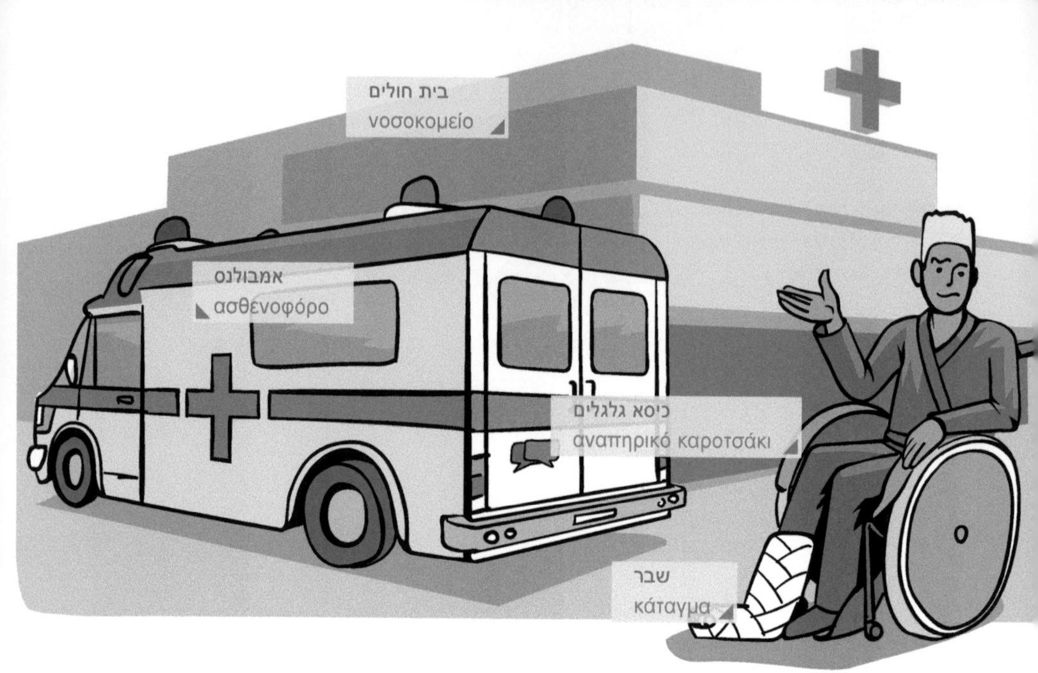

בית חולים
νοσοκομείο
אמבולנס
ασθενοφόρο
כיסא גלגלים
αναπηρικό καροτσάκι
שבר
κάταγμα

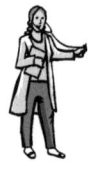

רופא
γιατρός

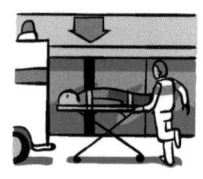

חדר מיון
μονάδα εντατικής θεραπείας

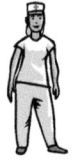

אחות
νοσοκόμα

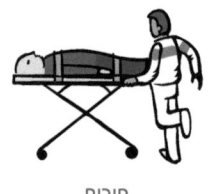

חירום
έκτακτη ανάγκη

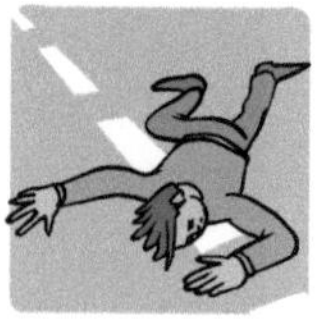

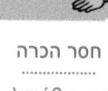

חסר הכרה
λιπόθυμος

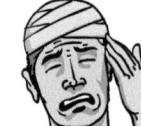

כאב
πόνος

פציעה
τραύμα

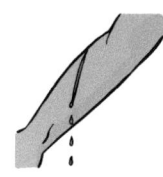

דימום
αιμορραγία

התקף לב
έμφραγμα

שבץ
εγκεφαλικό

אלרגיה
αλλεργία

שיעול
βήχας

חום
πυρετός

שפעת
γρίπη

שלשול
διάρροια

כאב ראש
πονοκέφαλος

סרטן
καρκίνος

סוכרת
διαβήτης

מנתח
χειρουργός

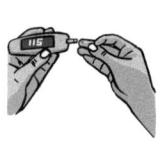

אזמל
νυστέρι

ניתוח
εγχείρηση

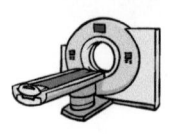

סי-טי

αξονική τομογραφία

רנטגן

ακτινογραφία

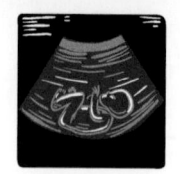

אולטרסאונד

υπέρηχος

מסיכת פנים

μάσκα

מחלה

ασθένεια

חדר המתנה

αίθουσα αναμονής

קבה

πατερίτσα

פלסטר

χάνσαπλαστ

תחבושת

επίδεσμος

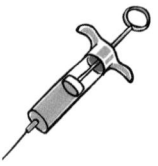

זריקה

ένεση

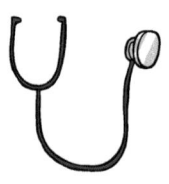

סטטוסקופ

στηθοσκόπιο

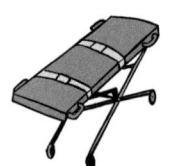

אלונקה

φορείο

מד חום

θερμόμετρο

לידה

γέννηση

עודף משקל

υπέρβαρο

מכשיר שמיעה

ακουστικό βαρηκοΐας

מחטא

αντισηπτικό

זיהום

λοίμωξη

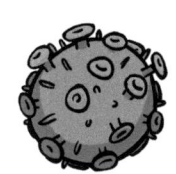

נגיף

ιός

איידס

HIV/AIDS

תרופה

φάρμακο

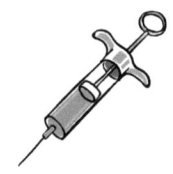

חיסון

εμβολιασμός

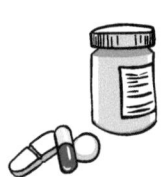

טבליות

δισκία

גלולה

χάπι

קריאת חירום

κλήση έκτακτης ανάγκης

מד לחץ דם

πιεσόμετρο αίματος

חולה / בריא

άρρωστος / υγιής

הצילו!
Βοήθεια!

אזעקה
συναγερμός

פשיטה
βιαιοπραγία

תקיפה
επίθεση

סכנה
κίνδυνος

יציאת חירום
έξοδος κινδύνου

אש!
Φωτιά!

מטף כיבוי
πυροσβεστήρας

תאונה
ατύχημα

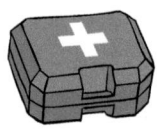

ערכת עזרה ראשונה
κουτί πρώτων βοηθειών

הצילו!
SOS

משטרה
αστυνομία

אירופה
Ευρώπη

צפון אמריקה
Βόρεια Αμερική

דרום אמריקה
Νότια Αμερική

אפריקה
Αφρική

אסיה
Ασία

אוסטרליה
Αυστραλία

האוקיינוס האטלנטי
Ατλαντικός Ωκεανός

האוקיינוס השקט
Ειρηνικός Ωκεανός

האוקיינוס ההודי
Ινδικός Ωκεανός

האוקיינוס האנטרקטי
Ανταρκτικός Ωκεανός

האוקיינוס הארקטי
Αρκτικός Ωκεανός

הקוטב הצפוני
Βόρειος Πόλος

הקוטב הדרומי

Νότιος Πόλος

אנטארקטיקה

Ανταρκτική

כדור הארץ

Γη

אדמה

γη

ים

θάλασσα

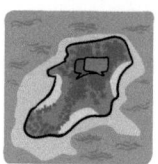

אי

νησί

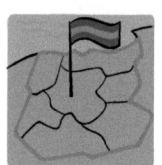

לאום

έθνος

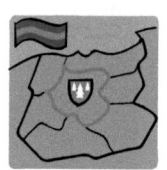

מדינה

πολιτεία

פני השעון

καντράν ρολογιού

מחוג השעות

ωροδείκτης

מחוג הדקות

λεπτοδείκτης

מחוג השניות

δείκτης δευτερολέπτων

מה השעה?

Τι ώρα είναι;

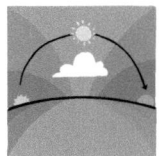

יום

ημέρα

זמן

χρόνος

עכשיו

τώρα

שעון דיגיטלי

ψηφιακό ρολόι

דקה

λεπτό

שעה

ώρα

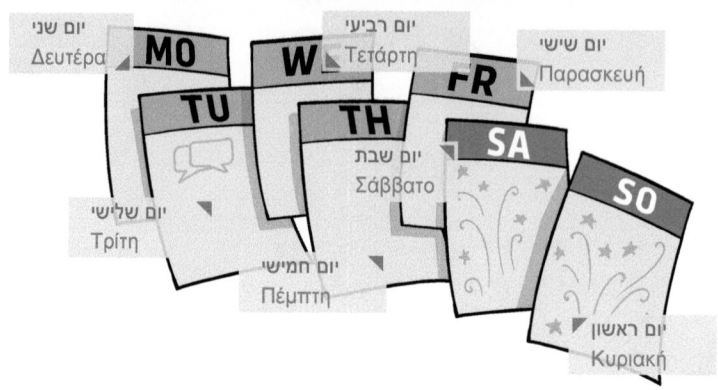

יום שני
Δευτέρα **MO**

יום רביעי
W Τετάρτη

יום שישי
FR Παρασκευή

TU

TH

יום שבת
SA Σάββατο

SO

יום שלישי
Τρίτη

יום חמישי
Πέμπτη

יום ראשון
Κυριακή

אתמול
χθες

היום
σήμερα

מחר
αύριο

בוקר
πρωί

צהריים
μεσημέρι

ערב
βράδυ

MO	TU	WE	TH	FR	SA	SU
1	2	3	4	5	6	7
8	9	10	11	12	13	14
15	16	17	18	19	20	21
22	23	24	25	26	27	28
29	30	31	1	2	3	4

ימי עבודה
εργάσιμες ημέρες

MO	TU	WE	TH	FR	SA	SU
1	2	3	4	5	6	7
8	9	10	11	12	13	14
15	16	17	18	19	20	21
22	23	24	25	26	27	28
29	30	31	1	2	3	4

סוף שבוע
Σαββατοκύριακο

שנה

έτος

קשת בענן
ουράνιο τόξο
גשם
βροχή
שלג
χιόνι
רוח
άνεμος
אביב
άνοιξη
סתיו
φθινόπωρο
קיץ
καλοκαίρι
חורף
χειμώνας

אור שמש

λιακάδα

F
C
120
90
60
30
0
-30
40
30
20
10
0
-10
-20

מד חום

θερμόμετρο

4.APRIL 11°
5.APRIL 4°
6.APRIL 13°
7.APRIL 8°
8.APRIL 10°

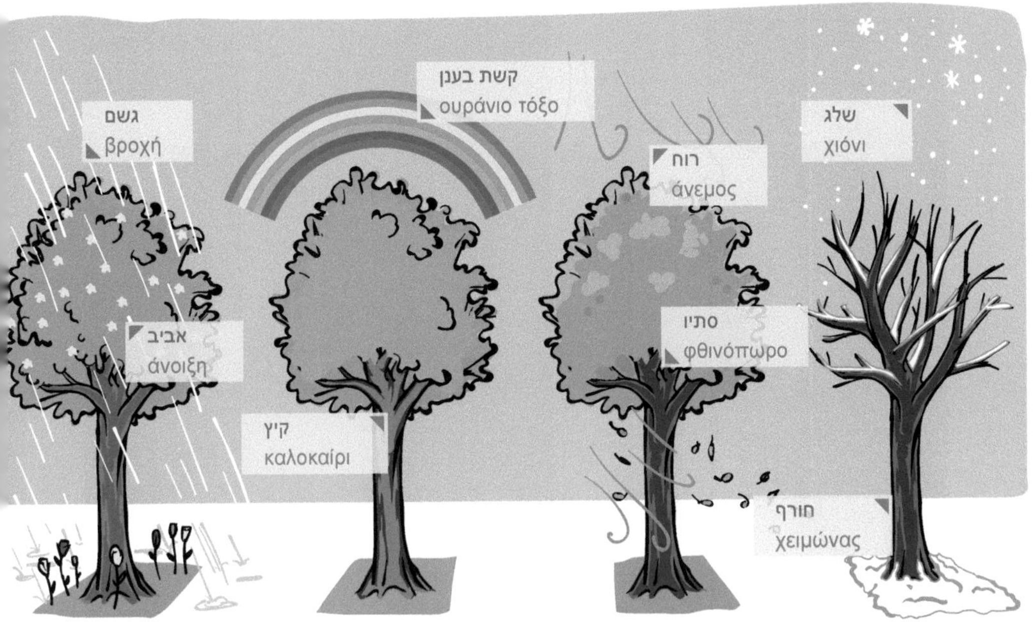

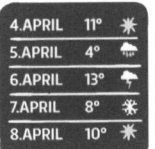

תחזית מזג האוויר

πρόγνωση καιρού

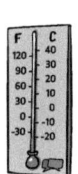

לחות

υγρασία

ערפל

ομίχλη

ענן

σύννεφο

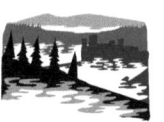

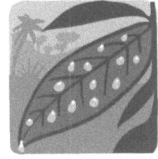

ברק
αστραπή

רעם
κεραυνός

סערה
καταιγίδα

ברד
χαλάζι

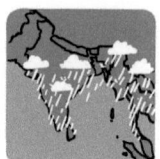

רוח עונתי
μουσώνας

שיטפון
πλημμύρα

קרח
πάγος

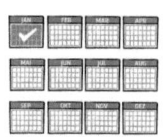

ינואר
Ιανουάριος

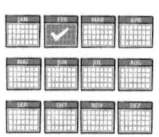

פברואר
Φεβρουάριος

מרץ
Μάρτιος

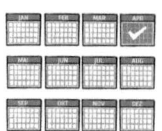

אפריל
Απρίλιος

מאי
Μάιος

יוני
Ιούνιος

יולי
Ιούλιος

אוגוסט
Αύγουστος

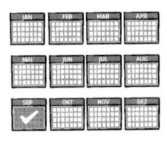

ספטמבר
....
Σεπτέμβριος

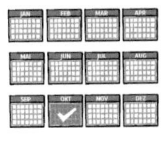

אוקטובר
....
Οκτώβριος

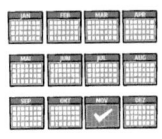

נובמבר
....
Νοέμβριος

דצמבר
....
Δεκέμβριος

צורות
σχήματα

עיגול
....
κύκλος

מרובע
....
τετράγωνο

מלבן
....
ορθογώνιο
παραλληλόγραμμο

משולש
....
τρίγωνο

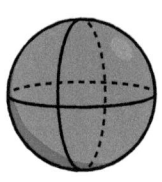

כדור
....
σφαίρα

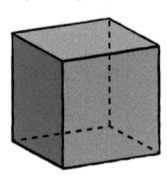

קובייה
....
κύβος

לבן
....
άσπρο

צהוב
....
κίτρινο

כתום
....
πορτοκαλί

ורוד
....
ροζ

אדום
....
κόκκινο

סגול
....
μωβ

כחול
....
μπλε

ירוק
....
πράσινο

חום
....
καφέ

אפור
....
γκρι

שחור
....
μαύρο

הרבה / מעט

πολύ / λίγο

כועס / רגוע

θυμωμένος / ήρεμος

יפה / מכוער

όμορφος / άσχημος

התחלה / סוף

αρχή / τέλος

גדול / קטן

μεγάλος / μικρός

בהיר / כהה

φωτεινός / σκοτεινός

אח / אחות

αδελφός / αδελφή

נקי / מלוכלך

καθαρός / λερωμένος

שלם / חלקי

πλήρης / ατελής

יום /לילה

ημέρα / νύχτα

מת / חי

νεκρός / ζωντανός

רחב / צר

φαρδύς / στενός

אכיל / לא אכיל

βρώσιμος / μη βρώσιμος

רשע / טוב לב

κακός / ευγενικός

מתרגש / משועמם

ενθουσιασμένος /
βαριεστημένος

שמן / רזה

παχύς / λεπτός

ראשון / אחרון

πρώτος / τελευταίος

חבר / אויב

φίλος / εχθρός

מלא / ריק

γεμάτος / άδειος

קשה / רך

σκληρός / μαλακός

כבד / קל

βαρύς / ελαφρύς

רעב / צמא

πείνα / δίψα

חולה / בריא

άρρωστος / υγιής

בלתי-חוקי / חוקי

παράνομος / νόμιμος

נבון / טיפש

έξυπνος / χαζός

שמאל / ימין

αριστερός / δεξιός

קרוב / רחוק

κοντινός / μακρινός

חדש / משומש
....
καινούριος /
μεταχειρισμένος

כלום / משהו
....
τίποτα / κάτι

זקן / צעיר
....
γέρος | νέος

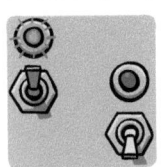

פעיל / כבוי
....
αναμμένος / σβηστός

פתוח / סגור
....
ανοιχτός / κλειστός

שקט / רועש
....
χαμηλόφωνος /
μεγαλόφωνος

עשיר / עני
....
πλούσιος / φτωχός

נכון / שגוי
....
σωστός / λανθασμένος

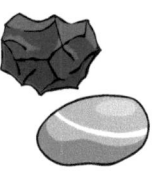

מחוספס / חלק
....
τραχύς / λείος

עצוב / שמח
....
λυπημένος / χαρούμενος

קצר / ארוך
....
κοντός / μακρύς

איטי / מהיר
....
αργός / γρήγορος

רטוב / יבש
....
υγρός / στεγνός

חם / קר
....
ζεστός / δροσερός

מלחמה / שלום
....
πόλεμος / ειρήνη

0	**1**	**2**
אפס	אחת	שתיים
μηδέν	ένα	δύο

3	**4**	**5**
שלוש	ארבע	חמש
τρία	τέσσερα	πέντε

6	**7**	**8**
שש	שבע	שמונה
έξι	εφτά	οκτώ

9	**10**	**11**
תשע	עשר	אחת-עשרה
εννιά	δέκα	έντεκα

12
שתים-עשרה
δώδεκα

13
שלוש-עשרה
δεκατρία

14
ארבע-עשרה
δεκατέσσερα

15
חמש-עשרה
δεκαπέντε

16
שש-עשרה
δεκαέξι

17
שבע-עשרה
δεκαεφτά

18
שמונה-עשרה
δεκαοκτώ

19
תשע-עשרה
δεκαεννέα

20
עשרים
είκοσι

100
מאה
εκατό

1.000
אלף
χίλια

1.000.000
מיליון
εκατομμύριο

אנגלית

Αγγλικά

אנגלית אמריקאית

Αμερικάνικα Αγγλικά

סינית מנדרינית

Μανδαρίνικα Κινέζικα

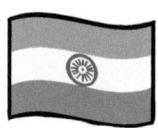

הודית

Χίντι

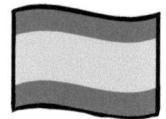

ספרדית

Ισπανικά

צרפתית

Γαλλικά

ערבית

Αραβικά

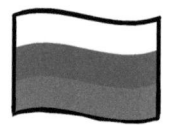

רוסית

Ρώσικα

פורטוגזית

Πορτογαλικά

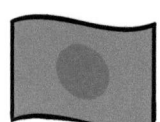

בנגלית

Μπενγκάλι

גרמנית

Γερμανικά

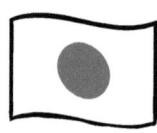

יפנית

Ιαπωνικά

אני
εγώ

אתה / את
εσύ

הוא / היא / זה
αυτός / αυτή / αυτό

אנחנו
εμείς

אתם
εσείς

הם
αυτοί / αυτές / αυτά

מי?
ποιος / ποια / ποιο;

מה?
τι;

איך?
πώς;

איפה?
πού;

מתי?
πότε;

שם
όνομα

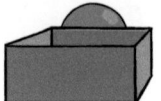

מאחור
πίσω

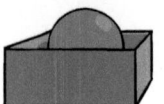

בתוך
μέσα

לפני
μπροστά

מעל
πάνω από

על
πάνω

מתחת
κάτω

ליד
δίπλα

בין
ανάμεσα

מקום
μέρος